백세시대
이 콘텐츠로 갑니다

백세시대
이 콘텐츠로 갑니다

N잡러의 행복한 창조

양수목 · 김정순 · 한영주 · 조혜숙 · 문송란 · 김현희 · 오다겸 · 홍윤옥 · 황지영 · 최원교 공저

공감

백세시대의 N잡러, 행복한 창조자로 삽니다

잠시 멈추기로 합니다. 세상에는 셀 수 없이 많은 길이 있지만, 어느 길이든 성공하고자 한다면 패러다임을 바꿔야만 합니다.

'나는 지금 행복한가?' 하는 질문에 잠시 멈춘 사람들이 있습니다. 열심히 앞만 보고 살아왔다고 자부하지만, 마음에서는 그렇지 않다고 대답합니다. 지나온 시간을 돌아보면 순식간입니다. 시간이 빠르게 지나왔습니다. 오죽하면 '눈 깜빡할 사이'라고 하겠습니까! 반대 의견은 아직 못 만났습니다.

그래서 지난 30년을 집중해서 돌아보고, 앞으로의 30년 후를 내다봤습니다. 살아갈 시간 역시 '눈 깜빡할 사이'라는 어김없는 예감입니다. 잠시 걸음을 멈추고 이렇게 물었습니다.

'2060년의 모습은 어떠할까?'

'…'

'더는 시간이 없을 것 같지 않아?'

'…'

'지금 너는 행복하니?'

'…'

'어떻게 살고 싶어?'

'…'

'무엇을 하고 살아야 행복할까?'

'…'

결단이 필요했습니다. 변화와 성장, 그리고 새로운 패러다임이 필요했습니다. 지금까지의 패러다임은 힘이 아주 센 신념입니다. 패러다임을 바꾸고 성공할 수 있을지에 대해 두려운 생각이 들었지만, 용기를 내어 결심했습니다.

하나가 아닌, 하고 싶은 일은 다 할 수 있는 온택트·언택트 시대에 맞는 12N잡러가 되기로 했습니다.

멈추지 않고 끈기와 조율의 마음을 도구로 챙겼습니다. 그리고 이런 일을 했습니다.

나는 누구인가?
나는 무엇을 좋아하는가?
백세시대, 건강과 경제적 자유로 행복해지고 싶은가?
행복하게 하는 콘텐츠는 무엇인가?
어떤 패러다임을 어떻게 변화·성장시킬 것인가?

준비된 자에게 스승이 나타나고, 기적이 일어난다 했습니다. 우리는 백세까지 이 콘텐츠로 갑니다. 행복한 창조자로 이 시대 N잡러의 길을 선택했습니다. @행복한 창조자입니다.

백세시대, 행복한 창조자의 꿈을 꾸는 독자님들께 이 글을 올립니다.

100세 라이프디자이너 최원교
2023년 6월 크다건강마을에서

chapter 1

떠 먹여주는 블로그

-양수목

양수목

떠먹여 주는 블로그 강사, 행복창조자 N잡러, 스마트스토어 운영, 쇼핑호스트, 건강디자이너, 그린플루언서, ESG인플루언서, 착한 지구인 지구살리기, 그린디봉사활동가

저 자신을 잃어버린 줄 알았습니다.
제가 붙들고 있던 성장마인드가
N잡의 행복한 창조를 이루었습니다.
중·장년층 평생직장!

1인 기업가의 필수인 블로그를 가르치는
강사가 되었습니다.
참으로 감사하고 행복합니다.

잃어버린 말

실어증

.

.

15년 전 엄청나게 큰 교통사고로 말을 잃어버린 적이 있습니다. 그 후유증은 아직도 조금 남아 있는 것 같습니다.

당시에 동생들과 중소기업을 운영하고 있었고, 저는 전반적인 회계업무를 맡고 있었습니다. 부가세 신고를 해야 할 10월에 교통사고가 났습니다.

지금 생각해도 사고가 어떻게 났는지, 왜 났는지 모르겠습니다. 그냥 앞차만 따라갔을 뿐인데, 횡단보도에 신호대기하고 있던 차를 브레이크 한번 밟지 않고 시속 60km로 충돌을 한 대형사고였습니다. 저도 모르게 의도하지 않았던 100%의 가해자가 되었습니다.

그때 알았습니다. 차를 폐차시킬 정도의 물리적 충격보다 나도 모르게 100% 가해자가 될 수 있다는 정신적 충격은 이루 말할 수 없었습니다.

엄청난 충격이었습니다.

제가 언어 구사력이 잘 안 되고 있다는 이상조짐을 느낀 것은 부가세 신고를 하기 위해 장부기장을 하는 과정에 숫자가 자꾸 제대로 안 써지는 거예요. 평소에는 한 번도 틀리지 않았던 계산기의 합계가 맞지 않았습니다. 심각성을 느꼈습니다. 담당 세무사님과 이야기를 해야 하는 상황에서도 입 밖으로 말이 안 나오니까 답답해서 눈물만 펑펑 쏟았답니다.

그 후에도 입에서 맴돌고 있던 말은 입 밖으로 나오지 않아 사람들과의 대화가 되지 않았습니다. 그때 그 좌절감으로 인해 실어증의 고통은 길고긴 고통스러운 투쟁의 시작이었습니다.

수년 동안 저는 사회적 상황에 대한 두려움 속에서 제 자신을 표현할 수가 없었습니다. 사람 만나기가 무섭고 두려웠습니다. 그렇게 표현을 못하고 말을 안 하고 살다 보니 "나는 말을 못 하는 사람이다" "표현을 못 하는 사람이다"라며 스스로 내면 깊은 곳으로 숨어 버렸습니다.

그래서 입을 닫아버리고, 항상 웃는 얼굴로 모든 사람을 대해야겠다는 긍정적인 마인드 셋을 하기로 결심하였습니다.

청소년시기였던 아이들을 키울 때도 분명 혼을 내고 잔소리를 해야 하는 상황이 있습니다. 그러나 해야 할 말이 안 나오니까 혼자 속으로 삭히고 참아야만 했습니다. '그저 행동으로 모범이 되어야 되겠구나!' 싶었습니다. 한마디로 벙어리처럼 가슴앓이를 하며 살았던 시간이었습니다.

긍정적인 마음가짐이 모든 도전을 극복하는 열쇠라는 것을 알았기에 어려움에도 불구하고 저는 무조건 밝은 미소로 사람들을 대했습니다.

항상 밝은 표정이 저를 대변해 주기를 바라는 마음이었지요. 그래서인지 많은 사람들이 저를 좋아하고 기억해 주었습니다. 저는 인복이 참으로 많은 사람입니다. 주변에 좋은 사람들이 많거든요.

하지만 지속적인 소통이 어려우니 가깝게 지내지는 못했습니다. 지인으로서 좋은 인상만 남긴 채 오랜만에 만나면 늘 반갑게 인사를 나누며 안부를 묻는 정도랍니다.

이렇게 긍정적인 사고를 가질 수 있었던 것은 30대 초반에 뇌과학을 알고 있었기 때문에 긍정 마인드 셋을 장착할 수 있었습니다.

긍정적인 생각을 하면서 살아가는 것이 참으로 중요합니다. 아이들 역시 잔소리 없이 키웠던 것이 너무 잘한 것 같습니다.

자기표현을 잘하며 살아가는 딸과 아들이 정말 자랑스럽습니다.

엄마는 나의 롤모델이야

.

.

"세상에서 엄마가 제일 무서운데 우리 엄마가 최고야!"

"엄마는 나의 롤모델이야!"

저의 딸이 고등학교 때부터 하는 소리입니다.

저를 꼼짝없이 "딸의 모범이 되어야 하는 엄마"로 묶어놓는 말입니다. 본보기가 된다는 게 부담이 되었지만, 저에게 있어서 가장 큰 힘이 되어주는 말입니다. 이런 말을 들으면 여러분은 어떤 마음이 드실까요?

아이들을 키우면서 여러 가지 일들이 발생했지요. 저의 첫마디는 "잘했다!"입니다. 일단은 "잘했다!" 하며 아이들의 자존감을 높여주고 나서 대응합니다. 그러면 아이들은 자신있게 본인의 이야기를 합니다. 고맙게도 스스로 이야기하면서 답을 찾는 경우가 많았습니다. 그래서인지 별로 크게 혼을 내 본 적이 없었습니다.

저의 휴대폰에는 딸은 "기쁨이", 아들은 "즐거움이"라고 저장되어 있습니다.

아이들의 전화를 받을 때마다 저는 기쁨과 즐거움이 솟아납니다. 그러니 늘 행복합니다. 나는 말문이 막혀서 잔소리를 못한 것뿐인데, 오히려 아이들은 자유로운 사고를 가지고 밝고 바르게 자랐습니다. 아이들이 성인이 되어 독립을 선언하는 날 바로 허락하여 각자 집을 떠나 살고 있습니다.

성인이 되면 자기 자신의 삶은 스스로 창조해야 한다고 생각하거든요. 어떤 걱정도 하지 않았습니다. 스스로 경제 활동을 하면서 자유롭게 살아가고 있는 저의 딸과 아들이 참으로 멋지니까요. 그래서 우리가족은 각자의 삶을 창조해 나가고 있습니다. 각자 떨어져 있어도 자신의 삶을 만들어가는 가족이라는 느낌은 늘 존재합니다.

성장 마인드 셋 장착

·

·

2022년 1월 1일부터 성장 마인드 셋을 장착하였고 1년 동안 많은 것을 배우고 습관화하였습니다. 지금도 새벽에 일어나 아침형 인간으로 살고 있습니다. 예전에는 자정이 지나 2~3시가 훨씬 넘어서 잠을 청하였습니다. 당연히 기상시간은 오전 10시 이후가 되어서 일어나다 보니 하루 해가 너무 짧았습니다. 이런 생활이 의미없는 삶이라고 자주 느끼곤 하였습니다.

주변의 모든 것이 빠르게 변화하는데 나혼자만 멈추어 있는 듯한 생각이 들었습니다. 그래서 생활패턴을 바꿔 보기로 결심하였습니다.

2022년 새해의 결심으로 아침형 인간이 되기로 마음 먹고부터 지금까지 새벽 5시의 기상습관은 무너지지 않고 이어지고 있습니다. 이렇게 습관화를 시킬 수 있었던 것은 굿쩍월드 덕분이었습니다.

유명강사인 김미경 강사님과 1만여 명의 굿쨈들은 매일 아침 5시에 유튜브라이브 방송으로 만났습니다. 대한민국에서 가장 열정적인 1만여 명이 모여 공부하는 온라인 공간이었습니다. 굿쨈월드는 진취적이고 성장 마인드를 가진 20대부터 70대의 학생들이 꿈을 이루기 위한 자기 계발의 발판을 만드는 곳입니다.

저는 지금 '두 번째 스무 살'을 살고 있습니다.

첫 번째 스무 살 때 제대로 하지 못했던 공부를 다시 시작했습니다. 케어해야 할 자식들이 없으니 혼자만의 시간적 여유가 많아졌습니다. 지금은 직장생활을 하면서 너무도 재미있고 신이나게 하나하나 배우는 재미를 느끼며 공부를 하고 있습니다. 꼭 근로 청소년이 된 것 같은 기분이 들어 짜릿합니다.

열심히 공부하고 책을 읽고 있습니다. 왜? 첫 번째 스무 살 때는 공부가 이렇게 재미있는 줄 몰랐을까요? 여러분, 여러분은 공부에 때가 있다고 생각하시나요? 제가 경험한 공부의 때는 즐기며 할 수 있는 나이! 아마도 "두 번째 스무 살을 살겠다." 결심한 순간인 것 같습니다.

저는 MKYU대학 안에서 SNS활동을 하고 지구환경 살리기에 동참을 하며 지속가능한 지구를 지키기 위해 기업이 바뀌어야 한다는 생각에 그린플루언서자격증과 ESG자격증을 획득하였습니다. 그리고 각 커뮤니티 안에서 봉사활동과 교육활동에 참여하고 있습니다. 꼭 학창시절 동아리 활동을 하는 기분이라서 즐겁고 행복합니다.

덕분에 책을 많이 읽고 있습니다. 독서는 저에게 여러 삶을 사는 경험을 줍니다. 책에 몰입하면 작가와 함께 생각하고, 연구하고, 작가와 같은 생각을 하게 되는 지혜를 갖습니다. 책을 읽는 것은 현실에서 경험하는 것과 같이 뇌를 통해 상황을 체험하는 것입니다.

그래서 뇌와 감성으로만 경험한 책속의 세계를 더 오랫동안 남기기 위해 블로그에 독후감을 남기고 있습니다. 책을 읽으면서 그때그때의 감동과 감정을 남기는 겁니다.

나의 블로그의 독후감을 보며 우리 아이들이 찾아와 말합니다. "역시 우리 엄마야! 우리 엄마는 대단해"라고 평가합니다. 아이들의 평가는 정말 흐뭇합니다. '참으로 행복합니다.'

좋은 글을 많이 써서 아이들에게 좋은 흔적을 남기는 블로그로 유산이 되게 하려고 합니다. 블로그 유산! 멋지지 않나요?

N잡러의 행복창조

아이들의 변화

.

.

　8년간 여러 직종의 직장생활을 하면서 사업체 경영의 모든 것을 배운 딸아이는 1인 기업을 운영하고 있습니다. 바로 스마트 스토어입니다.

　혼자 살면서 재택근무를 한다는 것은 나태해지고 게을러지기 마련인데, 딸아이의 "말한대로 이루겠다!"는 강한 의지의 성장 마인드 셋은 강렬합니다.

　딸아이는 억만장자들의 습관을 따라하고 있습니다. 일찍 일어나는 습관으로 저녁9시에 자고 남들이 늦게까지 잠을 이루지 못하는 2시에 기상합니다. 냉수샤워와 명상으로 시작하여 독서와 새벽운동을 하고 아침식사를 합니다. 그리고 본연의 스마트스토어를 운영합니다. 낮에도 틈틈이 독서를 하여 독서의 양이 엄청납니다.

　확실히 젊으니까 지식흡입력이 대단한 것 같습니다. 딸아이 지식의 범위는 우주처럼 넓어지고 있습니다. 20대에 우주의 이치를 깨닫고 자기인생을 설계하는 딸아이가 부럽습니다. 분명 원하는 모든 것을 이루는 'N잡러의 행복창조자'가 될 테니까요.

〈독서〉란, 초블루오션입니다.

여러분, "돈을 좇지 말고 돈이 나를 따라오게 하라"라는 말을 들어보신 적 있으신가요? 최근에 독서를 하면서 깨달은 바가 있다면, '이미 책 속에 답이 나와 있다.'는 것입니다. 좋은 공부는 좋은 공부들을 부르게 되어 있으니까요.

이제는 아들도 책을 접하고 있습니다. 엄마도 책을 읽고, 누나도 책을 읽고, 나도 독서를 해야겠다고 느끼나 봅니다. 참으로 행복합니다.

"엄마, 난 컨닝페이퍼를 들고 부자의 길을 걷고 있어."라고 딸아이는 말합니다. 딸아이의 변화가 눈에 보입니다. 요즘은 딸아이가 읽고 좋았던 책을 추천해 줍니다. 우리 가족의 대화가 달라지고 있습니다.

〈역행자〉라는 책을 읽어보신 분들은 아실 겁니다. "22법칙"에 대해 저자는 말합니다. 하루에 2시간 독서하고 2시간 글쓰기를 하다보면 먼 훗날 나의 삶의 가치는 엄청나게 발전하게 되어 있다고 말입니다. 그렇기에 저는 블로그를 작성합니다. "나" 스스로의 가치에 "제한"이라는 단어를 붙이지 않기로 했습니다.

　제가 블로그를 쓰는 것에 대해 아이들의 응원이 대단합니다. 친구들에게도 자랑을 한다고 하면서요. 자랑스러운 엄마가 되었습니다. 참으로 흐뭇하고 행복한 우주의 강력한 기운이 느껴집니다.

못할 것도 없습니다

·

·

저는 학교를 졸업하고 첫 직장 생활을 많은 경제인과 정치인들을 안내하는 골프장 프론트와 예약실에서 근무를 하였습니다.

고객님들에게 저는 '말을 참으로 야무딱지게 잘 한다.'는 표현을 많이 들었을 정도로 언변이 능숙한 사람이었습니다. 그런데 교통사고로 말을 잃어버리고 나서는 머릿속을 떠도는 단어를 조합하며 겨우겨우 표현을 하고 살았습니다.

사고 후 4년간 나를 표현하기 위해 많은 노력을 하였습니다. 저 스스로 사회생활을 할 수 있겠다는 자신감을 갖게 되었을 때 골프장에 입사지원을 하였습니다. 골프장 업무는 자신이 있었기에 2014년부터 7년간 골프장 예약실장으로 일을 하였습니다.

업무에 있어 커뮤니케이션을 하기 위해선 다른 사람들의 열배 이상 신경을 곤두세우고 근무를 해야만 했습니다. 항상 메모를 해야 할 수첩을 가지고 다녔고, 두통과 위염은 반갑지 않은 나의 친구가 되었습니다.

이런 노력에도 불구하고 어느 순간, 자신했던 언어구사력이 일반인 수준에 못 미친다는 사실을 알고 절망했습니다. 같은 말을 들어도 이해가 되지 않았습니다. 같은 말을 내뱉어도 이해가 되지 않는 말로 구사되었습니다. 하지만 절망만 하기에는 나는 젊고 소중한 아이들의 미래가 있었습니다.

내 스스로가 '교통사고'로 인해 '실어증'이라고 판단하고 회피했던 '무의식'이 말을 잃어버리기 위해 노력했던 건 아니었을까? 하는 생각이 들었습니다. 처음에는 두려웠습니다. 두려웠지만 해내겠다! 결심하고 부딪혔습니다.

사회 첫 직장이 골프장 영업팀이었기 때문에 골프장 업무는 자신이 있었거든요! 말에 대한 트라우마를 겪고 있었기 때문에 말보다는 행동으로 업무대처를 했습니다. 그리고 될 수 있으면 서류로 업무를 진행하였습니다.

예약실에서 하는 주된 업무는 예약전화를 받는 일입니다. 물론 매출향상을 위해 기획을 하는 일도 저의 몫이었죠. 부족한 면을 채우기 위해 항상 웃는 얼굴로 근무를 하겠다는 저만의 원칙을 기본으로 세워놓고 업무 매뉴얼을 만들었습니다.

골프장 매출의 90% 이상을 차지하고 있는 예약실 업무는 참으로 중요합니다. 매출향상을 위하여 기획하고 실행해야 하는 직원관리도 저의 업무였습니다. 그 가운데 매년 매출성장의 쾌거를 이루었습니다. 그 성과는 전직원의 단합이었습니다.

직장 생활을 하면서 타부서 직원들과 큰 마찰은 없었습니다. 말을 잘 못하는 제가 마찰을 피했던 겁니다. 가끔은 자존심이 많이 상할 정도로 그들의 비웃음을 참아내기도 했습니다.

'바보 같다는 저들의 생각은 한 순간이다. 저들은 바로 잊을 거야!'라며 나의 예약실장이라는 직위를 믿고 항상 웃는 얼굴로 친절을 보였습니다. 그것이 7년간 직장생활을 유지할 수 있었던 저의 처세술이었습니다.

머릿속에 하고 싶은 말은 많았습니다. 하지만 표현이 참 어려웠습니다. 문맥에 맞지 않는 말이 나오고, 어떤 때는 예상치 못하게 생각보다 말이 먼저 나올 때도 있어서 수습하지 못할 상황이 벌어지기도 했습니다. 그럴 때면 실수를 할까 봐 입을 꼭 닫아 버렸습니다.

나의 이런 후유증을 모르는 직장 상사들의 지적이란 피하기 어려운 숙제였습니다. 지적을 받을 때마다 가슴이 내려앉았고 눈물만 하염없이 흘렀습니다. 내가 이야기하고자 하는 말이 제대로 전달이 안 될 때 저의 속은 타 들어갔습니다. 이 모든 것이 교통사고로 인한 후유증입니다.

요즘도 가끔은 예전처럼 언어 구사력이 어눌해질 때가 있습니다. 사실 용기내어 말하자면, 지금도 가끔은 카카오톡 채팅방에 글을 쓰는 것이 어려울 때가 있습니다.

더 이상 이렇게 교통사고라는 트라우마 뒤에 숨어 나의 인생을 소멸하고 싶은 생각은 없습니다. 그래서 나의 교통사고 후유증과 정면대응 해보겠다는 마음으로 다시 한번 나의 머릿속을 점검해 보았습니다.

문제를 스스로 직면하지 않고 숨어 버리는 짓을 더 이상 하고 싶지 않았습니다. 그래서 "후유증이라는 벽을 부수자!"라고 결단을 하였습니다. 못할 것도 없었습니다.

'어눌해도 괜찮아! 까짓거 해 보지 뭐.' 나의 의사를 정확하게 밝힐 수 있기까지는 남들보다 3배정도 느릴지는 몰라도, 저의 결단을 실현하기 위해 엄청난 노력을 하고 있습니다.

컴퓨터 키보드 중에 가장 많이 사용하는 단축키가 Ctrl+X와 Ctrl+V랍니다. 하고 싶은 말을 블록 맞추듯 잘라내기, 붙여넣기를 반복합니다. 읽고 또 읽어봅니다. 내가 과연 말을 잘 하고 있는 걸까? 의문을 늘 품은 채 말이죠.

나의 노력을, 나의 고통을 알 리가 없는 주변에서 저에게 단체 회장이나 오픈 카톡방 방장 역할을 해 보라고 권유합니다. 하지만 저는 지체 없이 거절합니다. 아직까지는 일일이 대꾸해주고 사람을 만나서 이야기한다는 것 자체가 두려운 크나 큰 과업이라는 생각이 들었습니다.

이런 제가 블로그를 운영한다는 것은 아예 상상도 하지 못했습니다. 블로그는 긴 글을 써야 하고, 또 전문지식이 있어야 한다고 생각을 했거든요. 여러 가지로 어렵게만 느껴지는 부분이었습니다. 저는 말을 못하니까 생각과 마음을 표현하는 게 힘들 거라는 생각이 잠재되어 있었던 것 같습니다.

그런데 블로그를 시작하고 보니 저의 생각이 틀렸다는 걸 알았습니다.

블로그는 참 재미있습니다. 그동안 저의 마음속 깊이 저장해 놓은 이야기들이 술술 나옵니다. 말로 하는 것이 아니라 글을 쓰는 것이라서 가능한 것 같습니다. 한번 뱉은 말은 바꾸기 힘들지만, 글은 쓰고 나서도 수정이 가능하니까요.

아마도 블로그를 저처럼 어렵다는 생각에 시작을 못하시는 분들이 많을 겁니다. 하지만 "못할 것도 없습니다."

완전 초보였던 저도 시작과 함께 잘 하고 있으니까요. 시간을 많이 소비하지 않고 제대로 배우면 됩니다. 좋은 선생님이 있다는 것은 참 축복이라고 생각합니다.

완전초보를 벗어난 동기

.

.

2007년 네이버 메일을 만들었습니다. 네이버 계정을 만들면서 블로그가 자동 생성이 되어 있었지만 전혀 관심이 없었습니다. 블로그는 전문적인 지식이 많은 사람들만 쓰는 건 줄 알았거든요.

제가 본격적으로 블로그에 관심을 갖게 된 것은 MKYU 대학에서 그린플루언서와 ESG자격증 공부를 하면서부터였습니다. 기후변화의 원인은 인간이 만든 결과라는 것을 알리고 싶었거든요.

여러분은 환경과 기후변화에 있어 심각성을 느끼고 계신가요? 지구 온난화와 기후변화는 인류에게 큰 위협입니다. 온실가스 배출과 자연 파괴로 인해 지구의 기온이 상승하고, 많은 동식물들이 멸종 위기에 처하고 있습니다.

이러한 문제들은 인간이 지구를 더욱 지키고 보호해야 한다는 책임감을 부여해줍니다. 우리는 지금부터라도 지구 환경을 보호하고, 지구 온난화를 방지하기 위해 노력해야 합니다. 인간도 멸종위기에 처해질 수도 있습니다.

그린플루언서로서 개인이 환경운동에 동참하고 앞장서는 것도 중요하지만, 환경오염과 쓰레기 배출의 주범인 기업이 변해야 한다는 신념이 생겼습니다.

그래서 ESG인플루언서가 되었습니다.

기업이 변하려면 소비자 단체의 움직임이 엄청나게 중요합니다. 대표적인 소비자 단체의 움직임으로는 500년이 지나도 썩지 않는 플라스틱을 없애기 위해 노란색 스팸 뚜껑이 사라진 사례가 있습니다. 역시 요구르트 빨대를 없애기 위해서도 소비자 단체가 움직였습니다. 지속가능한 지구를 지키기 위해서는 앞으로도 소비자 단체의 역할이 중요합니다. 이렇듯 소비자 단체가 움직이면 기업이 바뀝니다.

요즘 MZ세대들의 가치소비를 보면 단순히 비싸고 품질이 좋다는 이유로 소비를 결정하지 않습니다. 제품의 무해성, 회사 경영인의 도덕성, 기업의 사회적 책임 등 다양한 가치를 꼼꼼히 살펴보고 결정합니다. 성장관리 앱 그로우가 실시한 설문조사에 따르면 MZ세대의 10명 중 8명은 자신을 가치 소비자로 평가했습니다.

그래서 기업이 ESG를 제대로 이행하는지 기업을 모니터링 할 필요가 있습니다. ESG라는 것이 자세하게 무엇인지 생소하신 분들도 있을 겁니다. 기업의 성과를 측정함에 있어 기업의 재무적 성과를 제외한 친환경(Environment), 사회적기여(Social), 투명한 지배구조(Governance) 등의 분야에서 기업성과를 가리키는 것입니다.

ESG인플루언서란 이런 기업들에게 가치소비와 환경문제를 알리는 역할을 합니다. 그 수단으로 블로그 콘텐츠를 만들어 대중에게 알리는 것입니다.

이것이 제가 블로그를 제대로 배우기로 마음을 먹게 된 동기입니다. 그렇게 저의 블로그 세상은 열렸습니다.

블로그는 작가를 만든다

블로그를 배운다

.

.

    평상시 정보를 얻고자 할 때는 네이버 검색을 합니다. 블로그에서 많은 정보와 지식의 도움을 받지요. 하지만 막상 내가 블로그를 쓰려 하니 앞이 깜깜했습니다. 그래서 딸에게 블로그 포스트 하는 방법을 물어보았습니다. 아주 기초적인 내용을 알려 주었습니다.

    블로그 페이지를 열어서 글쓰는 공간과 작업 줄에 대한 설명을 해 주었고, 이미지와 적절한 스티커이용과 글의 발행 방법까지도 배웠습니다.

    저는 이 정도로 완전 초보였답니다. 그래서 '기회가 되면 블로그를 정식으로 배워야지' 하고 생각하였습니다.

    지난 2월 피타고라스의 신비로운 수비학을 만났습니다. 수비학 수업을 받는 학생들이 모여서 '블로그는 밥이다'라는 팀을 만들었습니다.

우리팀은 유명강사이신 우주보스님을 모시고 블로그를 배우기 시작하였습니다. 한 달 동안 11명의 학생들은 매일 아침 6시 30분에 만나서 30분 수업을 받았습니다.

실력이 대단하신 블로그 강사님이 15분 설명해 주시고 15분 적용하는 방식의 수업이었습니다. 군더더기 없는 깔끔한 강의였습니다. 정말 블로그에서 꼭 필요한 엑기스만 알려 주셨거든요. 함께 공부하는 학생들과 집중력을 다해 너무 신나게 배웠습니다. 한 달 동안 100%의 출석률을 보일 정도였습니다.

새로운 것을 배운다는 것은 참으로 기쁜 일입니다. 블로그 수업시간에 디자인 편집툴을 배우고 적용해 보았습니다. 또 글감을 찾기 위해서 정부사이트에도 접속해 원하는 것을 검색해 봅니다.

요즘 각 부처에서 하는 일들을 둘러보며 사회에 관심도 갖게 되었습니다. 물론 네이버에서 상위 노출시키는 방법도 배웠고요.

현재 저의 네이버지수는 준최적4단계랍니다. 강의를 들으며 시작한 블로그로 15일 만에 일어난 기적이었습니다. 블로그의 가독성을 높이기 위해서는 이미지 디자인이 필요합니다. 그 내용에 맞는 이미지를 선정하고 썸네일을 꾸미는 것이 참으로 재미가 있습니다. 스스로 흡족함을 느끼며 저의 재능을 발견하게 되었습니다.

작가를 만드는 블로그

·

·

블로그를 쓰는 사람들은 모두 작가입니다. 자기 생각을 표현하고 다른 사람들에게 영향을 끼치기 때문입니다. 더러는 전문가의 지식을 빌려오기도 합니다. 저는 이 부분에 대한 오해가 있었습니다. 블로그를 쓰는 사람들은 각 분야의 전문가인 줄 알았거든요. 그런데 블로그를 쓰면서 본인이 많은 공부를 하고 배운다는 걸 알게 되었습니다.

가장 중요한 것은 관심입니다. 내가 어떤 것에 관심을 두느냐가 정말 중요합니다. 내 이웃의 블로그를 보다보면 평소에 내가 생각지도 못한 지식을 접할 때가 많습니다. 그러면서 하나하나 배우며 지식을 넓혀 나가는 것입니다. 이것이 블로그의 본질인 것 같습니다.

어떤 주제로 글을 써야 할까?

블로그를 작성할 때 어떤 주제를 선정해야 하는지 고민을 많이 하게 됩니다.

하지만 주제가 무엇이든 큰 의미는 없습니다. 내가 알고 있는 것을 쓰면 되니까요. 내가 알고 있는 것이 남들도 다 아는 상식이라서 별거 아니라고 생각이 들 것 같죠? 그렇지 않습니다. 각자 살아온 방식과 문제해결 방법이 다르니까요. 아! 이런 방법도 있구나! 라고 내 글을 읽는 사람이 느끼게 됩니다. 그냥 작가가 되면 되는 겁니다. 블로그를 운영하면 글쓰기에 익숙해집니다. 다양한 주제에 대한 지식과 경험을 쌓아나갈 수 있습니다.

이를 통해 자신만의 글쓰기 스타일과 표현력을 발전시킬 수 있습니다. 그리고 블로그를 통해 다른 사람들과 소통하고 피드백을 받으면서 자신의 글쓰기 능력을 향상시킬 수 있습니다. 따라서 블로그는 작가로 성장하는 데 큰 역할을 할 수 있습니다.

저는 교통사고 후유증이었던 '나만의 아픔'이 보이지 않을 정도로 블로그를 운영하는 매일매일이 설레입니다. 이렇게 저는 블로그를 넘어 책을 쓰는 작가가 되었습니다.

내가 알고 있는 지식의 값어치

.

.

내가 알고 있는 지식은 생각보다 값집니다. 여러분이 블로그 포스팅을 통해 무엇을 쓰든 분명 누군가에게 도움을 줄 것입니다.

내가 쓰고자 하는 주제가 해당분야에서 이미 알려진 지식이라 할지라도 아직 모르는 사람이 분명 있을 겁니다. 사람마다 알고 있는 지식이 전부 같을 수는 없으니까요. 또 내가 알고 있는 지식을 글로 표현함으로써 나 스스로도 나의 지식을 정리할 수 있습니다. 그리고 내 지식의 깊이를 다질 수 있는 좋은 기회가 됩니다.

때로는 정보성 지식을 전달할 때가 있습니다. 그 지식을 전달하기 위해서는 열심히 검색을 해 봐야 합니다. 전문서적도 찾아보아야 하고요. 즉 블로그는 스스로 공부할 수 있는 계기가 될 수 있습니다. 한 사람이라도 나의 글을 읽고 도움이 된다면 참 값진 글이 아닐까요?

이렇게 자신의 지식이나 생각을 타인과 공유하였을 때 누군가에게 도움이 되었다면 훌륭한 블로그 글이 되는 겁니다. 따라서 블로그를 쓰는 사람들은 자신의 지식이 얼마나 유용하고 귀중한 지를 알아야 합니다.

그리고 지식을 활용하는 것이 중요합니다.

블로그를 쓰는 사람들은 자신의 전문성과 지식을 공유함으로써 다른 사람들이 더 나은 결정을 내릴 수 있도록 도와줍니다. 그만큼 나의 글이 값진 선한 영향력이 되는 겁니다.

떠 먹여주는 블로그

블로그는 어떤 방식으로 써야 하나?

•

•

블로그는 앞에서 언급을 했던 것처럼 처음부터 어려운 주제를 선정하기보다는 나의 경험 나의 일상에서 일어나는 일을 일기처럼 써도 됩니다.

또는 관심을 갖고 궁금했던 것들에 대해 검색해 보고 나의 의견을 쓰는 것으로 다른 사람들에게 도움을 줄 수도 있습니다. 크게 부담 갖지 않아도 됩니다. 때로는 글의 주제가 떠오르지 않을 때도 있습니다.

일상에서 찾는 블로그 글감으로는 여러 가지가 있습니다. 하루를 가만히 들여다보세요. 오늘 한 모든 일이 글감이 될 수 있습니다. 관심을 가지면 보입니다.

맛집이나 분위기 좋은 카페를 갔을 때에는 포스팅을 염두에 두고 순서대로 사진을 찍습니다. 사진 설명을 하면서 적절한 글을 쓰면 가독성이 좋은 글이 되니까요. 네이버는 직접 찍은 사진을 선호합니다. 사진을 많이 확보하세요.

처음에는 글을 쓰는 것이 어려울 것입니다. 일단 내가 읽어 보고, 내가 표현하고자 했던 부분이 잘 나타나 있으면 됩니다. 그러면서 작가님이 탄생이 되고 많은 수익을 갖는 인플루언서가 되는 겁니다.

누군가에게 도움이 되는 글을 썼는데 아무도 안 봐주면 좀 서운하겠죠?

글의 목적에 맞는 제목의 패턴에 사람들의 호기심을 자극할 만한 추임새를 넣는 것도 아주 좋은 방법입니다.

가장 중요한 것은 글쓰기를 두려워하지 않는 겁니다. 글을 쓰는 우리는 창작자이니까요. 자신 있게 글을 쓴다면 여러분의 에너지가 글을 읽는 독자에게 전달됩니다. 블로그는 모든 유익한 것을 기록하기 좋은 공간이랍니다.

블로그를 쓰면 나에 대해 진지한 생각을 해 보기도 하고, 내가 무슨 생각을 하고 있는지 파악할 수도 있고 잡생각 없이 진지해지기도 합니다.

글을 쓰다 보면 글의 실력이 늘어납니다. 나의 글을 대중이 본다고 생각을 하며 글을 쓰기 때문에 내가 쓴 글에 대한 피드백이 바로바로 된다는 것이 큰 장점입니다.

이렇게 글쓰기가 훈련이 되면 어느 장소, 어느 누구와 대화를 나누어도 나의 의도를 제대로 전달할 수 있게 됩니다. 말이 어눌한 제가 글을 쓰는 가장 큰 이유이기도 합니다.

저는 디지털튜터라는 자격증이 있습니다. 지역커뮤니티센터에서 어르신들께 휴대폰 사용방법을 알려드리는 프로그램에 참여를 하였습니다.

이번에는 블로그강사의 제안을 받았습니다. 좀 어눌하지만 도전해 보려고 합니다. 제가 수업을 받고 완벽히 흡수하여 네이버 지수를 올렸던 양질의 수업을 그대로 '떠 먹여주는 블로그'로써 확실하게 전수해 드릴 자신감이 생겼습니다. 이렇게 저는 'N잡러의 길'에 들어섰습니다.

짧은 글을 마무리하며

.

.

"실어증"이 잠시나마 찾아왔던 저조차 이렇게 해냈습니다.

교통사고의 트라우마라는 그늘에 숨어서 표현하는 데 두려움을 느끼며 살았던 저지만, 지금은 블로그를 접하면서 다른 사람들보다 열 배 더 노력하고 있습니다. 이런 제 자신이 너무 자랑스럽습니다.

저는 앞으로 블로그라는 도구로 성공을 향해 매일 한걸음씩 내디딜 것이며, 이로써 저는 두 번째 스무살을 멋지게 펼쳐 볼 것입니다. 참으로 행복합니다.

인간의 삶이란 행복해야 성공한 것이라고 합니다. 여러분을 이 행복의 세계에 초대하고 싶습니다. 저와 함께 블로그의 세계로 여행을 떠나시지 않겠습니까?

블로그의 유용성에 대해 많이 들어 보셨겠지만 이 글을 구독해 주신 독자여러분께서도 블로그 운영을 통하여 자신을 알리고 더 크게 성장하셨으면 좋겠다는 마음으로 글을 썼습니다.

마지막으로 여러분의 가정내에 행복과 기쁨이 넘치시길 바랍니다.

chapter 2

자아실현을 위한
성공의 길

-김정순

김정순

- 한양대학교 융합산업대학원 동양문화학과 석사
- 천명, 사주마루(사이트) 상담중
- 각 대학가 이벤트 출장 및 교육중
- 유림방송(YCN) 사주마루 출연중
- 국제 타로동양학협회 이사
- 홍대 사주 타로 상담중

홀로서기는 자기 발전에 도움을 줍니다.
인간은 사회적 동물이기에
혼자서만 살아가는 것은 어려운 일입니다.
서로의 지지와 연결을 통해
외로움을 극복하고 성장할 수 있습니다.

인간은 누구나 외롭다

잠시 멈추기로 합니다.

세상에는 셀 수 없이 많은 길이 있지만,

어느 길이든 성공하고자 한다면 패러다임을 바꿔야만 합니다.

'나는 지금 행복한가?' 하는 질문에 잠시 멈춘 사람들이 있습니다.

열심히 앞만 보고 살아왔다고 자부하지만,

마음에서는 그렇지 않다고 대답합니다.

지나온 시간을 돌아보면 순식간입니다.

잠시 걸음을 멈추고 이렇게 물었습니다.

'2060년의 모습은 어떠할까?'

'너는 시간이 없을 것 같지 않아?'

'지금 너는 행복하니?'

'어떻게 살고 싶어?'

'무엇을 하고 살아야 행복할까?'

'…'

결단이 필요했습니다.

변화와 성장, 그리고 새로운 패러다임이 필요했습니다.

지금까지의 패러다임은 힘이 아주 센 신념이라 패러다임을 바꾸고

성공할 수 있을지에 대해 두려웠지만, 용기를 내어 결심했습니다.

하나가 아닌, 하고 싶은 일은 다 할 수 있는

온택트·언택트 시대에 맞는 12N잡러가 되기로 했습니다.

나는 누구인가?

나는 무엇을 좋아하는가?

백세시대, 건강과 경제적 자유로 행복해지고 싶은가?

행복하게 하는 콘텐츠는 무엇인가?

어떤 패러다임을 어떻게 변화·성장시킬 것인가?

준비된 자에게 스승이 나타나고, 기적이 일어난다 했습니다.

우리는 백세까지 이 콘텐츠로 갑니다.

행복한 창조자로 이 시대 N잡러의 길을 선택했습니다.

@행복한 창조자입니다.

백세시대, 행복한 창조자의 꿈을 꾸는 독자님들께 이 글을 올립니다.

크다건강마을에서 100세 라이프디자이너 최원교

홀로서기로 가자

.

.

　어떤 인연이 좋은 인연인가? 내가 먼저 좋은 인연이 되어 주어야 좋은 인연으로 갈 수 있다. 하늘에서 좋은 인연을 내려주듯이 나는 과거에 좋은 일을 많이 했을까? 아니면 과거에 죄를 많이 짓고 살았을까? 그것은 나도 모르는 잠재의식에서 우리의 뇌에서 명령해 움직이게 된다. 행동은 머리에서 생각을 먼저하고 행동으로 가게 된다. 누군가 너는 이렇게 살아, 너는 이런 사람이야, 라고 말한다면 사람은 타고난 대로 살아가는 것일까?

　운명은 정말 있는 것일까? 보통은 현대사회에서 사주, 타로를 젊은 층에서 많이들 본다. 과거에는 등한시했던 학문이기도 하지만 요즘은 하나의 문화처럼 되어 버린 것이 현실이다. 전에는 철학관에서 많이들 자신의 운을 보면서 미래에 대한 궁금증을 풀기 위해 찾았다면 현재는 재미로도 보고 젊은층에게 많이 대중화가 되었다.

마음이 허하거나 우울증에 걸린 사람들이 정신과를 가거나 혹은 심리상담과 사주나 타로의 상담을 받으면서 위안을 받는다. 가슴속에 있는 자신의 문제들을 어느 누군가에게 허심탄회하게 얘기할 수 있는 곳을 찾는데 옛날에는 미용실에서 머리하러 가면서 동네 아줌마들끼리 자신들의 집안 문제라든가 서로 담소를 나누고 그랬다면, 지금은 각자 옆집에 누가 사는지도 모르고 산다. 세상에 각박해지고 1인 홀로 사는 사람들이 많아지다 보니 각자 개인플레이 하는 사람들이 많아진 것은 사실이다.

　　서로 챙겨주고 아껴주고 가족들 간에도 장남과 장녀의 역할이 컸다면 지금은 형제도 그다지 많지 않은 시절에 외롭게 자라거나 개인적인 성향이 강해진 사회에서는 누구에게도 의지하면서 가는 시절이 아니기에 어디에도 마음 나눌 곳이 부족한 것이 사실이다.

　　그래서 우리는 더욱 육체적인 병보다는 정신적인 병이 오는 우울증이나 공황장애가 있는 사람들이 심리상담가를 찾는다든가 타로나 간단하게 볼 수 있는 것에 마음에 위안 삼아서 많이들 찾아온다.

　　그리고 점점 대중적으로 발전해 온 것도 사실이다.

　　인간은 외로운 동물이다. 혼자 왔다가 혼자 다시 태어난 곳으로 돌아가지만 살아 있는 동안은 행복하게 살아갈 의무가 있는 것이다. 행복하게 살아가려면 제일 먼저 무엇을 해야 할까?

나는 누구인가? 나를 알아야 하는 것이 첫째이다. 우리는 나 자신도 잘 모르면서 방황을 하는 사람도 많다. 방황을 하다 보면 그때는 그럴걸! 아니 그때 그랬으면! 하는 후회의 생각하게 된다. 대부분은 자신이 아프거나 아니면 죽기 직전의 임종에 깨닫거나 한다.

그래서 지금 해야 하고 지금 깨달아야 한다. 우리는 너무 무지하다. 아무도 가르쳐 주는 사람이 없다. 왜냐면 그런 가르침을 배우고 자라지 않았기 때문에. 너무 무지해서 세상을 후회하면서 지나간 것들을 회상하기도 한다.

후회나 착오가 없이 살려면 나를 더욱 정확히 파악해야 한다. 그런 후 앞으로 나간다면 우리는 지나가는 시간을 허비하지 않고 살아가게 될 것이다.

나를 잘 알자.

나는 누구인가?

나는 어디에서 왔는가?

나는 어떻게 살아가야 하는가?

나는 왜 이 자리에 있는가?

나는 지금 행복한가?

나는 어디로 가야 하나?

나는 현재 나의 모습에 만족하는가?

나는 지금까지 잘 살았다고 보는가?

나 스스로 질문을 던져 본다. 나를 잘 알기 위해서 교회나 불교나 종교단체에서 이런 행사도 많이 한다. 나의 모습, 나의 과거, 현재, 미래 등을 그려보라 한다.

나는 과연 어떤 모습일까? 내가 원하는 모습이라든가 상대가 나를 원하는 모습 등 다 바라보는 모습이 다를 수 있다.

함께 가야 한다

.

.

　인간의 속성은 혼자이긴 하지만 결코 혼자 갈 수 없는 동물이다. 내가 있기에 상대가 있는 것이고 상대가 있음으로써 내가 있는 것이다. 결코, 인간은 혼자 살아갈 수 없다. 독립적인 사람이 되어야 하지만 상대에게 의존하는 사람은 되지 말아야 한다. 그것은 다시 내가 외로워지는 지름길이다.

　나만의 힘을 키워야 하며 나의 힘이 있어야 상대도 나에게 오래 머물고 간다. 젊었을 때 남녀가 만나서 연애를 할 때도 상대가 나보다 월등히 나은 부분이 있어야 상대에게 매력을 느낀다. 잘나고 못나고를 떠나서 내가 갖고 있지 않은 부분이 상대에게 있음으로써 끌어당김의 법칙으로 끌려간다. 모든 사람은 나보다 더 나은 환경을 가졌거나 주변 상황이 잘 받쳐주는 사람을 만나고 싶어 한다.

　연애 관계나 결혼하는 사람들의 관계가 가장 이기적인 만

남이다. 처음에는 남자가 데이트 비용도 많이 내고 당연히 남자가 더 데이트 비용을 지출하지만 여자가 매력이 있으면 남자는 여자에게 아낌없이 돈을 쓴다.

그러나 단기적인 만남이나 오래 유지하지 않을 사이 같으면 더치페이로 가려 할 것이다. 인간의 만남을 보면 부모와 자식 간의 만남을 하늘에서 정해서 바꿀 수는 없지만, 아낌없이 주는 관계이기 때문에 자녀는 계속 부모에게 의지하고 기대게 된다. 부모는 아낌없이 주는 나무처럼 자녀에게 사랑을 주고 때로는 집착을 하고 때로는 채찍질을 하기도 한다. 사랑의 채찍질이 어느 수준이라고 보기에는 그렇지만 과거에는 사랑의 매로 자녀를 다스리고는 했는데 그것이 너무 과할 정도로 채찍을 들었던 시절도 있었다. 최근에는 부모와 자식 간에 사랑의 매가 정도가 지나치면 자녀가 부모를 신고하기도 한다는데, 과거에는 집안싸움으로 신고를 하였어도 그 시절에는 경찰들이 묵인하고 가기도 했다.

관심을 끊고 간 것은 가족 문제는 가족끼리 알아서 해야 한다는 것이 더 크기에 지금처럼 사회화되지 않는 시기였기 때문이다.

그렇지만 세상이 달라졌다. 경찰도 신고해서 출동을 안 하면 직무소홀로 징계를 받을 것이다. 세상은 이렇게 개인이 행복해질 수 있는 권리와 인간으로 존중받을 수 있는 체계로 바뀌어 가고 있다. 인간으로 보호받아야 하는 의무가 있다. 우리나라는 남아선호 사상이 강한 나라라서 부부싸움도 부부가 알아서 처리하라는 식으로 과거에는 남편이 부인을 폭행해도 말리거나 그럴 수가 없었다면 지금은 나 개인의 행복을 누릴 수 있는 자격이 있으므로 사회에서 많이 보호해준다.

정말 세상이 많이도 좋아졌다. 과거에는 여성들이 사회진출 하거나 그러면 집에서 애나 키우지 왜 나와서 설치냐고 그렇게 얘기했던 시절이 있었다. 여자가 직접 운전을 하고 다녀도 남자들이 여자에게 소리를 치면서 운전 못한다고 무시를 하기도 했다. 그런데 어느덧 남자들도 맞벌이할 수 있는 여자를 선호하는 시대가 되었다.

연애하는 그것도 서로 더치페이한다든가 남자가 더 많이 데이트 비용을 내야 한다는 식의 사고방식은 많이 변해가고 있다. 하지만 이것의 변화는 그다지 좋아 보이지 않는다. 그래도 남자가 여자에게 더 많이 베풀고 더 많이 여자에게 투자하고 배려하고 생각해 주는 사람과의 관계는 오래갈 수밖에 없다. 서로의 이해관계가 없더라도 내가 상대를 위해서 열심히 생각해 주고 챙겨주면 그것이 남녀와의 관계가 아니더라도 상대는 바로 알아차린다. 그래서 세상은 공짜가 없다.

내가 투자한 만큼 돌아오게 되어 있고 내가 많이 베풀면 언젠가는 복을 많이 받을 수 있다. 복을 지어야지 복이 오지 않겠는가!

옛날에는 복을 지으면 복이 나에게 와서 내가 직접 그 복을 받지 못하더라도 나중에는 자녀에게 복이 갈 수 있으니 복을 많이 지어 놓아야 좋다고 했다.

살아 있을 때 받지 못하면 그 복이 내 가족들에게 가거나 다시 나에게 돌아와서 좋은 소식을 안겨 줄 수 있다.

누구나 자신의 존재를 사랑받기를 좋아한다.
특히 위로받고 싶어 하고 관심받고 싶어한다.
그러려면 매력적인 사람이 되어야 한다.

매력적인 사람은 어떤 사람일까?
매력적인 사람도 내가 되는 것이고 내가 만드는 것이다.
내가 존재해야 세상도 존재하는 것이다.
내가 없으면 세상도 존재할 수가 없다.

그래서 우리는 늘 무언가로부터의 인정받고 싶어 하는 심리가 있다.
그 인정은 바로 사랑이다.
사랑받고 싶으므로 누군가의 관심을 끌려고 한다.

그래서 어린아이들은 부모에게 떼를 쓰기도 하고 자기가 뜻하는 대로 안 되면 바닥에 뒹굴게 되고 주변의 시선은 아랑곳없이 어린아이가 하고 싶은 대로 하기도 한다. 그런데 이것은 아이를 30초만 안아줘도 아이가 하는 행동이 달라질 것이다. 똑같이 따라 하지 말고 많이 안아주고 예쁜 말 계속해주고 그래야 어렸을 때의 상처도 치유가 될 수 있다.

우리는 누군가에게 위로받고 싶고 칭찬받고 싶어하고 또 못해본 거 해보고 싶어 하고 멀리 가는 거 새로운 경험을 하고 싶어 한다. 어쨌든 호기심 천국으로 가도 좋다. 그래야 발전하고 성장할 수 있다.

혼자 가는 것도 좋지만 같이 함께 가면 더욱 힘이 되고 서로를 끌어주고 밀어줄 수 있다. 서로 끌어주는 관계로 간다면 혼자보다도 함께 가는 것이 더욱 좋을 수 있다.

바쁘게 살다 보면

·

·

바쁜 것은 좋은 것이다. 한가하면 잡생각만 들고 머릿속이 복잡해지기만 한다. 시간의 여유가 없이 자기 일정대로 바삐 움직인다면 외로울 시간조차 없다. 외로움은 뭔가가 비어 있으므로 채우기 위해서 허전함을 느낀다.

인간은 모두 혼자 가면 외롭고 함께 가면 힘이 되고 함께 성장해 나갈 수 있다.

바쁘게 살다 보면 우리가 놓치는 것들이 많은데 주변 상황을 돌아보지 않고 혼자만의 생각으로 간다면 이것이 앞으로 잘 가고 있는 것인지 잘못 가고 있는지 점검을 못 하고 갈 수도 있다. 가장 몸소 느끼는 것이 내 가족과 나와 관련된 사람들이 그렇다.

우리는 아침에 일어나서 기지개하고 세수도 하고 몸을 단정히 하고 집을 나설 준비를 한다. 하루일과가 이렇게 매일 시작되는데 어떤 사람은 아침을 간단하게 때우기도 하고 또 어떤 사람은 아침을 무겁게 먹기도 하는데 매일 하던 습관처럼 세수를 안 하고 집을 나선다든가 밥을 거르고 집을 나선다든가 하면 뭔가가 위장이 비어 있어 든든한 맛이 없듯이 살면서 놓치고 가는 것들이 소소하게 많이 있을 수 있다. 그래서 나이가 들면서 후회하는 것들을 주변 연세 드신 분들에게 여쭤어보면 젊었을 때 뭐든지 다 하라고 한다.

여행도 많이 다니고 친구도 많이 만나고, 하고 싶은 거 다 하고, 사고 싶은 것도 사서 가져보고 젊었을 때 많이 놀러도 가야한다고 한다. 그럼 돈은 언제 벌고…. 돈도 벌면서 열심히 재충전할 수 있는 것을 찾으라는 것이다.

이러한 비율을 잘 맞추어 가야 한다. 놀 때 놀고 열심히 일할 때 열심히 일하고…. 다들 그러고 싶지만 현실에 막혀서 그렇게 못하는 사람들이 많다. 나부터가 그렇다. 모두 열심히 일하고 열심히 놀고 하는 것은 다시 현실에서 재충전하기 위해서 하는 것이다.

내가 과연 놓치고 가는 것이 어떤 것이 있을까? 그것은 내가 하고 싶고 즐겁고 유쾌한 것으로 해야지 오래간다. 당장 마음이 우울하더라도 긍정적인 생각으로 사물을 바라보고 있는 지금 나를 인정하고 또다시 잘못된 길로 가지 않게 하기 위해서는 내가 정말 잘 가고 있는지를 돌아보면서 하루 일과를 명상으로 끝마치는 것도 좋은 방법의 하나일 것이다.

그래서 자신의 마음을 잘 다스려서 놓치는 것 없이 하루 일과를 지그시 눈을 감고 15분 동안 명상으로 마음 정리를 하고 가는 것도 좋다.

5분씩 나누어서 오전에 일과를 생각하면서 5분 명상, 오후 점심때를 생각하면서 5분 명상, 저녁에 지금 순간까지를 심적으로 잘 정리하면서 15분 동안 마음의 명상을 갖는다.

앉아서 차분히 눈을 감고 생각하다 보면 오늘 했던 순간순간이 찰나, 눈앞에 스치듯 지나갈 것이다.

어제보다 오늘이 행복해지기 위해서는 빨리 지나간 것을 지워버려야 한다. 그래야 새것이 들어온다. 새로운 마음 새로운 각오 새로운 긍정적인 생각이 지금 이 순간 깨어 있어야 한다. 생각이 깨어 있지 않으면 어제보다는 오늘이 못한 하루가 될 것이다. 오늘 난 행복해야 한다. 행복한 것은 지금 당장 잠들어 있지 말아야 하고 깨어 있어야 한다.

지나간 것을 자꾸 붙잡으면 안 된다. 과거에 머물러 있으면 안 되고 현재에 머물러 있어야 한다.

어제 거길 못 갔어.

그 친구를 만났어야 했는데 못 만났어.

거길 들러서 전달해 줬어야 했는데 못 했어.

그것을 꼭 샀어야 했는데 못 샀어.

너와 함께 있길 바랐어.

긍정적으로 바꾸어야 한다.

오늘 그곳을 가면 된다.

그 친구를 오늘 만난다.

거길 들러서 전달한다.

그것을 꼭 산다.

너와 함께 있겠다.

모두 긍정의 에너지로 바꾸어 보다 보면 점점 주변 상황에서 놓치는 것들을 줄일 수 있다. 사실은 바뀌는 것은 아무것도 없는데 당신 마음이 바라보는 시야가 바뀐 것이다.

조금씩 조금씩 앞으로 나아가면 오늘 해도 괜찮아, 아니 내일 해도 괜찮아 하고 생각하게 된다.

스스로 집착에 매여 있지 않게 되다 보면 놓치고 간 것이 아니라 내가 잠시 그것에 머물러 있지 않은 것이다.

그래서 지금에 깨어 있어야 하고 지금 당장 하지 않으면 기회가 오지 않는다. 그 기회는 내가 만드는 것이긴 하지만 그 기회 또한 아무에게나 오진 않는다. 나에게 오는 모든 것은 뜻이 있어 오는 것이고 헤어짐도 새로운 인연이 오기 때문에 기쁘게 맞이해야 한다.

오늘도 깨어 있는 내가 되어 하루 일과를 행복하게 지금부터 그려보자.

매력 있는 사람이 되자

사람의 마음을 사로잡는 자

.

.

어떤 사람이 매력적일까? 매력은 과연 무엇일까? 상대에게 호감을 느낄 수 있는 느낌 또는 친절함 혹은 사람의 마음을 사로 잡아 끄는 힘이라고 할 수 있다. 내가 상대를 사로잡느냐 아니면 내가 상대에게 사로잡히느냐 어떤 것이 좋을까?

물론 후자보다 전자라고 생각한다. 나에게 상대가 매력을 느끼고 끌어당김의 힘으로 다가온다면 나의 팬이 많아지는 것은 당연하다. 그렇게 되면 어떤 일을 하든 찐 팬, 나의 고객이 생기는 것이니까.

그럼, 사람의 마음을 사로잡는 것은 상대가 얘기하지 않아도 먼저 알아서 해주는 것이고 필요한 부분이라든가 힘든 부분을 알아서 해결해 준다면 참으로 고마운 일이 된다. 나에게는 쉬운 일이 될 수 있지만, 상대에게는 힘든 일이라서 해결하지 못하는 부분들을 내가 해결해 주면 상대는 나에게 고마움을 느끼게 된다.

일반적으로 인기 있는 사람들은 외모가 잘생긴 경우가 많다. 더불어 교양과 예의까지도 잘 갖추어진 사람들을 보게 되기도 한다. 연애할 때도 남녀가 보여주는 부분인 외모를 많이 보게 되어 있다. 겉으로 드러난 부분이기에 우리는 보여주는 부분인 첫인상에서 그것을 많이 판단하게 된다. 사실 외모가 잘생긴 사람은 잘생긴만큼의 외모값을 한다. 결혼상대자를 찾는다면 외모, 학벌 그리고 경제력, 이 모든 것이 갖추어진 사람은 몇 안 된다. 그만큼 완벽한 사람은 없기에 부족한 것을 채우면서 살아간다. 연애운을 보러 오는 사람 중에는 남녀의 외모를 많이 따지기도 한다. 첫째가 외모이다. 그런데 나에게도 괜찮은 외모라면 상대에게도 괜찮은 사람이기에 이런 사람들은 인기가 많다. 찾는 사람들이 많으니 그것은 나만 소유하기가 쉽지 않다. 그래서 얼굴이 잘생기면 얼굴값 하는 것이고 키가 크면 키 큰값을 하는 것이고 경제적으로 능력이 있는 사람은 그 능력 있는 만큼의 값어치를 한다.

그렇다면 얼굴 잘생긴 사람은 과연 얼굴만큼 경제력과 인성을 잘 갖추었을까? 그렇지 않은 부분도 있다. 얼굴이 좋으면 능력이 없고 능력이 있으면 얼굴이 별로이고 인성이 괜찮으면 얼굴과 능력이 갖추어지지 못한 사람도 분명히 있다.

아직 현대사회에서는 겉으로 보여주는 것이 먼저이기에 외모가 잘생기면 그만큼 사람들에게 인기가 있으므로 정작 내 남자 내 여자가 그렇다면 관리하기가 쉽지 않다. 다른 사람과 나눠 가져야 할 것이다. 즉 그 얘기는 나의 눈에도 좋은 사람은 다른 사람에게도 매력을 느끼기 때문에 삼각관계 빠지기 쉬울 수 있다. 그렇다면 항상 내가 내 남자를 또는 내 여자를 지키기 위해서는 눈에 불을 켜고 지켜야 한다는 생각 때문에 늘 피곤하게 지낼 수 있다.

내가 살면서 편안하게 사는 것이 좋지 않은가. 아니면 그러한 부분 때문에 피곤하게 항상 신경 쓰면서 가야 하므로 늘 불안한 마음을 안고 살아갈 것인가. 한번 어떤 것이 좋을지는 당사자가 선택할 부분이긴 하지만 가장 중요한 것은 내가 어떤 선택을 하더라도 현명한 선택을 해야 하며 그 선택한 부분에 대해서 책임은 물론이고 그것으로 인해 행복감을 느끼면 된다. 그렇다면 내가 선택한 부분에서 행복감도 못 느끼고 후회가 된다면 다시 방향을 틀어서 나의 행복을 찾아서 앞으로 나아가야 한다.

외모가 중요하듯이 그 사람에게서 풍겨 나오는 향기도 중요하다. 그것은 그 사람의 내면적인 고유의 성향 본질이라고 볼 수 있는데 이것을 인성으로 본다면 각 개인이 가지는 사고와 태도 및 행동 특성이라고 할 수 있다. 어떠한 생각을 했는지를 살펴봐야 하고 그 사람의 태도와 언어 습성 등을 살펴보면 그 사람이 향기 나는 사람인지 아닌지를 판별할 수 있다.

향기 나는 사람은 어떤 사람들일까. 말로 하지 않아도 존경스럽다든가 그 사람을 본받고 싶을 때 저 사람에 향기가 난다고 볼 수 있다.

괜히 옆에 있으면 기분 좋은 사람들 있지 않은가? 한편 옆에 있으면 불쾌하고 기분 나쁜 사람들도 있다. 과연 어떤 사람의 내가 되는 것이 좋은가? 물론 향기 나는 사람일 것이다. 그러려면 예쁜 말을 해야 하고 친절하게 대답해야 하고 부정적인 말 하면 안 되고 친절과 긍정의 에너지로 상대에게 이롭게 해야 할 것이다.

곧 상대에게 이로운 행동이 나에게도 이롭게 되돌아오기 때문이다. 말로 내가 내뱉은 것에 대한 부메랑처럼 돌아올 수 있기 때문이다. 가는 말이 고와야 오는 말이 곱듯이 가장 사람에게 상처 주는 것이 말로써 상대에게 비수를 꽂는 말이다. 그 어떤 무기보다도 더욱 강력한 무기가 될 수가 있다. 그래서 우리는 함부로 말을 내뱉지 말아야 하며 말의 실수를 했었다면 사과하고 다시 그러한 말이 나오지 않게 스스로가 조심해야 할 것이다.

그런데 내가 진짜 그러한 말실수를 한 지도 모르게 지나가는 사람들이 많다.

그러면 주변 사람들이 일깨워 줘야 할 것이다. 모르면 알고 가면 되는 것이기에 알려주면 된다.

말을 까칠하게 하는 사람들이 그렇다. 방어적으로 자기 자신을 지키다 보니 예민하게 반응을 하는 사람이고 경계를 많이 할 수 있다. 그것이 나쁘다는 것이 아니다. 예민하게 반응을 하면 상대도 예민하게 반응을 한다.

가는 말이 고와야 오는 말이 곱듯이 나 또한 상대가 공격적으로 들어오면 나도 공격적으로 변하게 된다. 상대에 따라서 상대도 반응하기 때문이다.

결코, 좋은 방법은 아니다.

나의 자존감 찾기

.

.

    고집이 강한 사람은 자신의 자존심을 잘 꺾지 않는다. 그러나 상대를 배려하고 깊게 생각하는 사람들은 상대를 인정하고 바로 수긍해 준다. 자존감은 말 그대로 자신을 존중하고 사랑하는 마음이다. 자신의 능력과 한계에 대해서 부딪히거나 스스로 인식하는 것인데 강한 사람들은 그것에 부딪히게 되면 맞서 싸우려고 한다.

    그래서 사주 명리적으로도 비견 겁재가 강한 사람들이 그렇다. 자신의 자아가 강하기 때문에 승부욕과 주변 사람들과의 경쟁의식이 강하다고 본다. 자신들의 주장을 꺾지 않기 때문에 어디를 가도 말썽이 일어날 수가 있고 소리가 요란하게 시끄러울 수 있다.

    반대로 자신의 소리가 작은 사람들은 그냥 그러려니 하면서 상대에게 맞대응하지 않는다. 그렇다고 해서 그들이 자존감이 약한 것은 아니다. 다만 얘기를 안 할 뿐이다.

    상담하다 보면 욕심이 많은 사람은 보통 자신의 색깔들이 강한 사람들이다. 우유부단한 사람들은 자신의 목소리를 잘 내지 않는다. 시끄러운 것을 싫어하고 혼자 있기를 좋아하고 상대의 것을 빼앗으려고 하지도 않는다.

그러나 자존감이 강한 사람은 리더의 성향이 있고 한 조직에서 책임을 맡거나 조직의 장이 되기도 한다.

조직의 장이 되기 위해서는 직원들을 잘 끌고 가기 위해서 강인한 모습을 보인다. 그것이 너무 강하거나 하면 강한 것은 부러지기에 부작용이 있을 수 있다. 강약을 잘 조절하면서 간다면 그 조직의 장은 훌륭한 지도자가 될 것이다.

그냥 싸우기 싫어서 피하고 시끄러워질까 봐 피하고 그러했었는데 지금 지나고 온 시간을 생각해 보면 싸우되 소리 내지 않고 부드러운 말투로 나의 의사 표현을 하면 좋았을 것이다. 시끄러워질까 봐서 피하는 것은 지금 피하면 나중에는 그것이 더 큰 오해로 다가올 수 있다.

그래서 오해 생기지 않게 나의 의사를 확실하게 조용히 또박또박 얘기해 준다. 그것이 첫 번째 만났을 때 반영이 안 되면 두 번째 만났을 때 또다시 얘기해주고 두 번째 만났는데도 똑같은 말과 행동을 한다면 그 사람은 만나는 인연에서 서서히 정리하는 것이 좋다.

배는 배끼리 놀고 사과는 사과끼리 놀고 서로 같은 종류의 과일들끼리 모여서 있기 때문에 결코 배는 사과가 될 수 없고 사과는 배가 될 수 없다.

유유상종 같은 무리끼리 서로 모이고 흩어지고 한다.

사람도 마찬가지로 좋은 집안에서 태어나 집안이 좋은 사람들끼리 어울리게 되고 옛날처럼 개천에서 용 났다는 시절은 지났기에 지금은 내가 태어난 뿌리가 탄탄하지 않으면 집안에 대한 콤플렉스가 생긴다.

좋은 집안의 사람들은 늘 그래 왔기 때문에 그들은 게으르게 움직일 수 있다.

아니 여유가 있는 모습으로 보인다.

그것이 가진 자와 안 가진 자의 차이라고 본다면 결코 돈이 많아서 행복한 것은 아니다. 돈이 너무 많아 버리면 모든 것을 돈으로 해결하려 할 것이고 돈이 없는 자는 몸으로 때우려고 할 것이다.

결국, 있는 자와 없는 자의 설움인데 비굴하게 살지 말아야 한다.

남을 이용하면서까지 나의 이익을 챙기거나 한다면 그 사람과의 인연은 절대 오래가지 않을 것이다.

가진 게 없어도 비굴하지 않게 당당하게 설 수 있는 자가 되어야 한다.

상대를 이롭게 하자

열심히 끌어주자

.

.

나보다 주변 사람들이 잘 돼야 하고 주변 사람들이 잘 되면 곧 내가 잘 되는 것이다. 직장에서 보면 누군가가 잘 나가거나 하면 시기 질투를 할 수가 있다. 시기 질투는 좋은 것이 아닌데 상대가 나보다도 잘 나간다면 그것에 대한 태클이 들어올 수 있다.

자신은 직장에서 다만 열심히 했을 뿐인데 사장님은 잘 한다고 칭찬하고 같이 일하는 직장동료는 너무 잘 나가면 자꾸 문제로 삼으려고 한다.

출근을 일찍 해도 뭐라 하고 퇴근을 늦게 해도 뭐라 하고 자신보다 잘 나가는 것을 못 보는 동료들이다. 서로 응원을 해도 부족한데 자꾸 같이 일하는 동료끼리 서로를 깎아내리려 한다. 그러하면 서로가 발전이 없게 된다.

발전은 상대가 잘할 때 서로 칭찬해주고 더욱 응원해 주고 그래야 하는데 그렇지 못하면 그 조직은 오래갈 수가 없다.

그래서 리더가 바로 서야 하고 중간역할을 잘해야 한다.

조직 생활을 20대부터 해왔지만 다른 어떤 조직 생활의 일보다도 사주 타로 상담을 하는 선생님들이 고집도 세고 개성도 강해 각자의 의견을 내세워 동료들끼리 많이 부딪히기도 한다.

처음부터 동료들과 부딪치는 것은 아닌데 서로의 경쟁 때문에 손님을 두고 다투고 매출도 무리하게 올리려고도 한다.

일반 급여 월급을 받는 것이 아니라서 자신의 능력에 맞추어 매출을 올린 부분에 대해서 각자가 가져가는 것이기에 다양하게 내담자에게 봐줘야 한다.

상담할 때도 윽박지르거나 너무 나의 의견대로 이렇게 해 저렇게 해 하면서 상담을 해서도 안 된다.

너무 거부감을 가질 수 있기 때문이다.

젊은 아이들에게는 되도록 긍정적이고 희망적으로 얘기해 줘야 한다.

울다가 온 사람도 웃다가 나가도록 해야 하고 얘기하고 싶어서 오는 내담자에게 딱딱 내 얘기만 하고 딱 끊어 버려서도 안 된다.

정말 상대를 이롭게 하는 것은 무엇일까? 상대가 발전할 수 있게 하여야 하고 희망과 용기를 주어야 한다. 너는 이러이러하게 태어나서 그러니 너는 이번 운에서는 안 돼. 이렇게 얘기해 준다면 상대는 많은 실망을 하게 될 것이다. 우리가 운을 보러 가는 것은 잘되고 있는 사람들은 어떻게 하면 더 잘될 수 있게 이것이 맞게 가는 것인지 확인을 하기 위해서 오는 것이고, 지금 힘든 사람들은 내가 언제쯤 좋아지고 현재 상황에서 벗어날 수 있는지를, 즉 희망적인 얘기를 듣고 싶어서 온다. 그런데 그것을 부정적으로 얘기해주면 상대는 실망하고 돌아갈 수 있다. 되도록 긍정적으로 얘기해 주고 희망을 주어야 한다. 좋은 얘기 듣고 싶어하고 응원의 말을 듣고 싶어한다. 거기에 찬물을 끼얹으면 안 된다.

누구나가 다 긍정의 에너지를 받고 응원을 해주면 서로가 잘되는 길이기에 손뼉을 쳐주어야 성장할 수 있다.

그 박수 소리가 크면 클수록 그것이 나에게로 와서 귀인의 작용으로 좋은 사람들이 몰려오고 도와주려 할 것이다. 내가 싫은 것은 상대도 싫다. 내가 싫은 것을 시키면 안 되고 상대가 싫은 것을 내가 해줘야 한다.

그것이 서로 밀어주는 것이고 커나갈 수 있는 원동력이 될 것이다.

남자에게 집착하지 말자

.

.

남자에게 집착하는 것은 서로 간의 관계를 손상하고 건강한 인간관계를 유지하는 데 방해가 될 수 있다. 이를 해결하기 위해서는 현명한 대처방법이 필요하다. 자기 자신에 대한 자신감을 높여야 한다. 남자에게 집착하는 것은 종종 자신감 부족에서 비롯된다. 자신의 가치를 인정하고 자신감을 높이는 것은 남자에 대한 집착을 줄이는 데 도움이 될 수 있다.

다른 취미나 관심사를 추구한다. 집착하는 것은 종종 남자와의 관계에 너무 많은 의존을 하기 때문이다. 그러므로 새로운 취미나 관심사를 발견하고 그것에 열중함으로써 남자와의 관계 이외의 삶을 즐기는 것이 좋다.

친구나 가족과 시간을 보낸다. 가까운 친구나 가족과 함께 시간을 보내면 집착하는 것을 잊을 수 있다. 이들과 함께 새로운 경험을 쌓고 즐겁게 지내는 것이 좋다. 매일매일의 루틴을 만든다. 생활에 일정과 규칙성을 부여하면 자신을 안정시킬 수 있다. 매일 규칙적으로 하는 일을 만들어서 남자에 대한 집착을 줄이는 것이 좋다. 대화를 잘 유지한다. 관계에서는 대화가 중요하다. 남자에 대한 집착이나 불안을 느끼면 그에 대해 정직하게 이야기하고 대화를 유지하는 것이 중요하다.

마음이 편안해질 때까지 시간을 가져본다. 가끔은 마음이 편안해지기 위해서는 시간이 필요하다. 집착하는 것이 자신의 삶에서 너무 큰 부분을 차지하고 있다면, 일시적으로 남자와의 연락을 줄이고 자신의 마음을 안정시킬 수 있는 시간을 가져보는 것이 좋다.

흘러가는 대로 두고 봐야 한다.
가는 사람은 제 길을 가게 내버려 두는 것이 좋다.
잘 가고 있는지 지켜봤다가 잘못 가면
그 길이 아니야 하고 얘기해 준다.
인생의 정답은 없다.
내가 정답이다.

가다가 엎어지기도 하고 쭉 뻗은 길로 잘 내려가기도 하고 가파른 언덕길에 숨을 헐떡거리면서 올라가기도 하고 그것이 인생 아닌가? 아무도 자신의 앞길에 돌부리가 있어 걸려 넘어질 거라고는 생각하지 않는다. 뻥 뚫린 길을 걸어가고 싶은 마음은 누구나가 마찬가지이다.

지나간 것은 생각하지 말고 앞으로 걸어가야 할 도로의 점검만 필요하다.

그래서 지나간 인연에 연연하지 말고 사랑에 연연하지 말고 이성에 집착하지 말아야 제대로 나의 갈 길로 갈 수가 있다.

가는 길에 귀인도 나타날 수 있고 앞길을 방해하는 방해자도 나타날 수 있는데 그것이 귀인인지 방해자인지를 어떻게 알아볼 것인가.

방해자는 나에게 이익을 줄 거 같으면서 다가오지만 떠날 때는 나에게 해롭게 하고 떠나간다.

방해자로 인해서 내가 쓰러지면 벌떡 다시 일어나서 훌훌 털어버려야 한다. 그것에 연연해 있으면 쓰러진 사람의 피를 닦아야 하는데 계속 피를 흘리고 있는지도 모르게 점점 마음이 낭떠러진 곳으로 떨어지게 된다.

그래서 그 사람과 재회를 하고 싶어서 그것을 놓지 못해서 하루에도 수십 번 타로를 보러 오거나 상담을 청하러 오는데 참 안타까운 일이다.

젊으니까 그럴 수 있겠다고 생각한다.

행복도 내 안에 있고 불행도 내 안에 있다.

사랑이 영원할 걸로 생각하지만 모든 것은 영원한 것은 없다.

꽃은 피면 지고 열매가 달려서 익으면 수확하게 되어 있다.

우리네 인생도 피고 지는 것이 삶인데 좋을 때도 있고 나쁠 때도 있듯이 여여하게 살아야 내 마음이 편안하고 안정될 것이다.

chapter 3

ONE JOB으로
N-잡러 되는 비법

-한 영 주

지금은 N-잡러 시대!! 그러기에는 시간이 부족합니다.

다시 과거로 돌아갈 수도 없습니다.

하지만 남을 돕기를 원한다면 여러분은 생각한 대로

반드시 N-잡러가 될 수 있습니다.

한영주

강사 한영주 - 글로벌강사인협회 부회장
컬러심리 타임리스 공예작가-꿈꺼리공방, 그린비공방즈 공방주
커스터마이징 라이프 설계-롯데손해보험 지점장

마음먹은 직업 갯수가 바로 할 수 있는 일의 개수입니다.
하나의 직업이 여러 개의 직업이 될 수 있는 경험에 대해
함께 나누려고 합니다.
즉, ONE JOB으로 N-잡러가 되는 노하우인
"나눔에 힘"입니다.
N-잡러가 되려면 먼저 완벽한 ONE JOB이
먼저 되어야 합니다.

이책을 통해 여러분이 앞으로 37년 후에도
할 수 있는 일이 있어 심심하지 않고
즐거운 인생이 되기를 응원합니다.

N-잡러가 된 극적인 한마디
"나눔의 힘 - 이타심 [利他心]"

현재 JOB에 만족하십니까?
성공은 하셨습니까?

.

.

이 글을 읽는 분에게 이렇게 질문을 한번 드리고 싶습니다.

"여러분은 현재의 JOB에 만족하고 계십니까?"

"성공하셨다고 생각하십니까?"

이렇게 질문을 하면 모든 이들이 이렇게 대답을 합니다.

"일하면서 만족하는 사람이 얼마나 있겠어?"

"성공했다면 만족하지 않겠어?"

"만족하지 않으니 여러 일을 생각하지!"

"하나가 잘되는데 왜 다른 일을 생각해!"

"하나로는 경제적으로 힘들고, 이 일이 안되니까 다른 일을 하는 거지!"

"여러 가지 일을 하는 사람들은 집중력이 떨어져서 그래!"라고 많이 이야기합니다. 하지만 그건 ONE JOB을 완벽히 이해하지 못했기 때문이라 생각합니다. 예를 들어 식사할 때 요즘은 TV를 보면서 핸드폰도 하고, 노트북을 켜서 일도 하는 시대입니다. TV로는 예능을 보면서 즐기고, 핸드폰으로는 유튜브나 SNS를 하며 새로운 정보를 얻고, 노트북으로는 검색을 통해 정보의 사실 및 내용을 정립합니다. 그렇게 밥을 먹는 시대입니다.

그러니 옛 어른들이 그런 현대인들을 보았을 때, 얼마나 산만하고 집중하지 못하고 있다고 생각할까요?

사람들은 여러 가지 일을 하는 사람들에게 옛 어른들의 지혜 중, 이런 이야기들을 들려주곤 합니다. "우물을 파도 한 우물만 파라."

우물은 땅을 파서 땅속에 있는 물을 뜨는 곳입니다. 물이 나올 때까지 깊게 파지 않고 조금만 파다가 물이 나오지 않는다고 다시 다른 곳을 파면 어느 우물에서도 물이 나오지 않는다는 말입니다.

이것은 일을 자꾸 바꿔서 하지 말고, 하나의 일을 끝까지 해야 성공할 수 있다고 말하는 것입니다. 그리고 이 말은 하나의 일에 만족하지 못해 다른 일을 하거나 또는 이 일이 끝까지 갈 수 있는 일이 아니라 생각하고 포기하거나 다른 일을 준비할 때 사용합니다.

이때 사람들은 일을 바로 옮기면 위험하다 생각합니다. 그래서 다른 일을 병행하다가 그곳이 더 잘되면, 일을 옮기려는 마음으로 일을 걸쳐 진행하는 경우가 있습니다. 이렇게 이직을 목적으로 일하는 경우가 많습니다. 그러나 N-JOB은 이것관 다릅니다. 이것이 우리가 생각해봐야 할 부분입니다.

N-잡러란 무엇인가?

N잡러의 사전적 의미는 이렇게 됩니다.

N잡러 : 2개 이상의 복수를 뜻하는 'N', 직업을 뜻하는 'job', 사람이라는 뜻의 '러(-er)'가 합쳐진 신조어[1] 입니다.

마치 중식당에 가서 짜장면을 먹을까 짬뽕을 먹을까 고민하다가 짬짜면을 먹는 심정으로 N-JOB을 선택한다면 아마 그 N가지 일 중 어느 것도 만족도가 있지 않을 것입니다. 우리가 짬짜면을 먹을 때는 짜장면의 오롯이 그 맛을 알고 짬뽕의 맛도 알았을 때 그 두 가지를 먹어도 서로의 맛의 장점을 알듯이 일 또한 만족도가 두 배가 된다고 생각합니다. 만약 짬짜면을 사람들이 제대로 안다면, 갈등을 겪는 결정장애가 있는 사람들을 위해 만들었다

---

1 [출처] [한국직업방송] 취업비사 지금은 N잡러 시대,N잡의 종류|작성자 길동무

기보단 다양한 경험을 한꺼번에 하고 싶은 사람들을 위한 또 다른
이타심에서 나오는 배려임을 알 것으로 생각이 듭니다.

N-잡러의 성공을 위한 기본

우리는 성공이라는 단어를 '한 가지 일의 제대로 된 만족을
느꼈을 때' 진정으로 말할 수 있습니다. "드디어 해냈다!"고 말할
수 있습니다.

저에게 N-JOB이란 마치 내가 좋아하는 간식과 후식으로
잔뜩 쌓여 있는 팬트리와 같습니다. 언제든 기대되고 실망하게 하
지 않는 저장고 같은 팬트리, 그래서 일이 늘어날 때 걱정이 앞서
기보다는 기대가 되는 것 같습니다.

이번엔 또 어떤 '간식거리가' 즉 '어떤 새로운 일들이 펼쳐질
까?'라는 설렘이 있습니다. 마치 배달된 택배를 언박싱(상자 개봉)
하는 기분입니다. 하지만 반드시 새로운 일을 접할 때는 공부가
동반되어야 합니다. 그래서 다양한 경험을 통해 많은 이에게 선한
영향력 즉, '이타심'을 주는 것이 N-잡러의 비전이라 생각합니다.
이 글을 통해 이런 마음을 여러분도 느끼셨으면 좋겠습니다. 그리
고 함께 이타심을 실천하면 좋겠습니다.

생각의 멈춤으로 불러들이는 불행

·

·

어떤 일을 해나갈 때 생각 없이 습관적으로나, 무의식적으로 하는 일들 즉, 생각이 멈췄을 때 하는 행동들은 우리에게 행복이 아닌, 마치 행동하지 않아 결과가 없듯, 이루지 못한 것에 대한 불행한 마음이 내 안에 자리 잡아 좋지 않은 기운이 오게 됩니다. 그래서 끊임없이 생각하는 것이 무언가 여러 개를 할 수 있는 능력이자 에너지가 됨을 확실히 느낄 수 있습니다.

내가 무언가 생각을 멈췄다는 것은 행동하지 않겠다는 의미이므로 더 이상 성장하지 않겠다는 것입니다.

첫 수능세대였던 학생은 학력고사에 익숙해 있습니다. 처음 보는 수능에 언어영역인 국어 시험을 볼 때 지문이 너무 길어서, 생각하고 이해하고 싶지 않아 학력고사 때 습관적으로 공부했던 4개 중에 하나의 답을 찍는 훈련을 하듯 그렇게 수능을 보고 후회했던 것처럼 성장하지 못한 일들이 있습니다.

불행의 시작이 된 그런 후회를 하지 않기 위해서는 언제나 아주 단순한 일들도 생각을 멈추지 않고 반복하고 다듬고 기획하는 것이 너무도 중요합니다.

예를 들어 우리가 아무 생각 없이, 즉 목적지를 정하지 않고 또는 가는 방법을 생각지 않고 그냥 고속도로를 진입했다고 생각해봅시다. 우리나라 중 대전IC라는 톨게이트는 왼쪽으로 가면 서울 방면 그리고 오른쪽으로 가면 부산 방면이 나옵니다. 만약 아무 생각 없이 차의 방향을 정하지 않고 간다면 목적지와 점점 멀어지게 될 것입니다. 이렇듯 어떤 것이든 생각이라는 것을 하며 움직이는 것이 행운과 행동과 행복을 오게 하는 것이라 생각합니다.

인간은 죽을 때까지 적당한 스트레스를 느낄 때 살아 있는 존재라고 합니다. 생각이란 스트레스고, 그 스트레스를 받지 않기 위해 우리는 "말하지 마 생각하고 싶지도 않아" 라는 말로 습관적으로 스스로 생각을 멈춥니다. 인간이 스트레스를 받지 않는 것은 죽었을 때뿐이라고 합니다. 따라서 인간은 끊임없이 자극을 통해 생각해야 그걸 행동으로 옮기고 그걸 통해 행복의 길인 성취를 얻을 수 있습니다.

접시 돌리는 묘기사가 여러 개의 접시를 돌릴 때를 봅시다. 접시 돌리는 것을 멈추면 떨어져 깨집니다. 완벽한 N-잡러가 되기 위해선 묘기사의 접시처럼 생각을 멈추지 않아야 합니다. 또 하나의 생각을 하는 것은 배움입니다.

배움을 멈추는, 즉 더 이상 배우지 않겠다는 것은 노인을 말합니다. 그러므로 배움을 멈추는 것도 생각을 멈추는 것입니다. 생각을 멈추지 않는 것이 불행이 행운으로 오는 길입니다. 살아 있다는 증거입니다.

위기를 기회로 극복하는 비법

.

.

사람들은 흔히 위기가 왔을 때 그것이 기회라고 말합니다. 왜 그럴까요?

'위기가 위기지 그리고 그것을 해결해야지 왜 그것을 기회라 생각하고 도전하라고 할까요?' 저의 이야기를 잠시 하려 합니다.

95년도에 첫 직장으로 학원에서 학생을 가르치는 일을 했었습니다. 처음엔 13명의 학생이었으나 이후 그 아이들이 100명 200명 늘어나 한때 유행했던 일타 강사처럼 인기가 있는 강사가 되었습니다. 그러나 그도 잠시 97~98년 누구나 알고 있는 국가의 부도 위기인 IMF가 찾아왔습니다. 세상 모든 이들이 놀라워했습니다. "뭐라고? 나라가 부도가 났다고?!" 다들, 마치 세상이 끝난 것처럼 힘들어하며 걱정의 이야기만을 하고 있었습니다. 늘 그랬듯 우리에게 다가오는 그 위기는 먼저 허리띠를 졸라매는 것으로 위기를 극복하는 일들이 시작됩니다. 그래서 제일 먼저 시작되었던 것은 다들 학원비를 줄이는 것이었습니다. 그렇다 보니 아침 9시부터 밤 11시까지 있던 수업은 일타강사였던 저에게도 저녁 타임만 수업할 수밖에 없게 되었습니다. 갑자기 경제적 위기가 오면서 다른 일을 더 해야 하는 상황이 왔습니다. 원하진 않았지만, 그로 인해 일을 한 가지가 아닌 두 가지를 하게 되었습니다. 아마도 그때 N-잡러의 첫발을 뗀 것이 아닌가 생각이 듭니다. 여러 일을 동시에 하게 된 계기가 되었습니다. 그렇게 새로운 일을 하다 보니 자연스럽게 공부라는 것을 하게 되었습니다. N-JOB을 갖는다는 것은 또 다른 분야에 지식을 쌓는다는 것임을 알 수가 있습니다.

두 번째 일로 병원에서 일하게 되었습니다. 그러다 보니 다른 사람들은 힘들다는 그 시절 오히려 지식과 물질들을 풍요로운 삶으로 누리게 되었습니다. 그런 즐거움으로 또 다른 기회가 한번 옵니다. 병원에 근무하면서 병원 외에 다른 의학이 있다는 것을 알게 되었습니다. 또 다른 세계인 대체의학(자연치유)에 눈을 뜨게 되었습니다. 물리치료를 통해 인체에 미치는 영향에 관해 관심을 갖게 되었습니다. 그때부터 카이로프라틱과, 건강 마사지인 아로마 치료법, 손에서 건강을 찾는 수지침 등 건강에 관심을 두게 되었습니다. 지식이 더해져 많은 것들을 하게 되었습니다. 그렇게 어려움을 극복하여 좀 더 여유로운 삶을 영위하고 있을 때쯤 또한 번에 위기가 왔습니다. 같이 일하던 동료들이 리더들과의 관계의 갈등을 느끼게 되었던 것입니다.

누구보다 관계를 중요시했기에, 의리 때문에 잘 적응하고 다니던 병원과 학원을 어쩔 수 없이 그만둘 수밖에 없게 되었습니다. 또 한 번에 위기이지만 안정적인 일을 해야겠다 생각이 들어 공무원 준비라는 어려운 길을 선택할 수밖에 없었습니다. 어려운 공부를 하다 보니 힘이 들었습니다. 그 힘든 것을 좀 힐링하고자 공예라는 것을 배우게 되었습니다.

문화 센터라는 곳이 있어 방문하게 되었습니다. '문화를 배우는 센터' 신선하고 재미있는 공간이었습니다. 남들은 하나 하기도 어렵다는 그곳에서 아침 10시부터 저녁 6시까지 종일 남들이 몇 년을 해야 하는 것들을 불과 몇 달 만에 습득하게 되었습니다. 지점토, 석화, 펄프 등 다양한 분야의 공예를 시작하게 되었습니다. 그래서 98년도에 이런 꿈을 꾸어 보았습니다. 나중에 공예를 가르치는 문화 센터를 만들어 봐야겠다고 결심했습니다. 지금에서 생각해보니 정말 문화 센터는 아니어도 공예 센터를 운영하는 꿈이 이루어졌습니다. 그 당시 그렇게 많은 것을 배웠지만 일로 삼지는 않았습니다.

전공이 전산이었기에 다시 병원 전산실에 들어가게 되었습니다. 그곳에서 또 위기의 전성시대를 맞게 되었습니다. 병원 전산실에서 업무를 하던 중 조직 간의 갈등으로 일을 그만둘 수밖에 없게 되었고 그로 인해 또 다른 나의 세계가 열렸습니다. 결심하였습니다. "이제는 CEO, 사장이 되자!!" 독립선언을 하게 되었습니다. 그래서 28세 때 프리선언을 하고 지금까지 자유로운 사업가로 일하고 있습니다.

공예작가로, 비즈니스 컨설턴트로, 교육자로, 설계사로 일하고 있습니다. 위기가 올 때 다른 기회를 볼 수 있었기에 저자는 N-잡러가 되었습니다. 한 가지를 하다 보면 옛 동화에 나오는 어머니의 걱정인 소금 장수와 우산 장수의 이야기가 생각납니다. N-잡러의 삶은 혼자 여러 일을 하기에 위기가 왔을 때 걱정 없이 일을 할 수 있습니다. 날이 좋을 때는 걱정 없이 소금 장수로 살고, 날이 흐리고 비가 올 때는 우산 장수로 살 수 있습니다. 그렇게 N-JOB을 통해 위기를 기회로 삼아 누구보다 행복하게 지내고 있습니다.

일이 되지 않아 다른 일을 하거나 돈이 적어서 일을 늘리는 것이 아니라 주제처럼 하나의 직업을 완벽하고 다양하게 하려면 여러 일을 접하여 실행할 때 위기를 기회로 극복하는 N-잡이 됩니다.

N-잡러가 되기 위한 조건: 습관

내가 할 수 있는 것 하기

.

.

물론 돈을 벌기 위한 조건이 있습니다. 돈이 되는 일을 하는 것이 맞습니다. 그리고 비전이 있는 일을 하는 것이 맞습니다. 하지만 그렇게 일을 여러 개 하다 보면 내가 할 수 있는 일이 아니라 빠르게 지치는 현상이 있습니다.

보통 사람들은 하고 싶은 거에 대한 동경이 있습니다. 하지만 최소, 하고 싶은 일이 아니어도 새롭게 익히는 일보단 할 수 있는 일을 할 때, 적응하는 것도 빠르고 익히는 것도 금방 할 수 있어 또 다른 일들을 해낼 수 있습니다. 내가 할 수 있는 것을 할 때는 새로운 것을 습득할 필요가 없으므로 힘이 들지 않습니다. 그리고 금세 성과를 낼 수 있습니다. 그래서 내가 잘 할 수 있는 일을 먼저 하는 것이 좋습니다.

저자는 무언가 배우는 게 도전이라고 말하고 싶습니다. 무엇을 새로 배우는 것에 대한 노력은 항시 하고 배움을 설레는 마음으로 첫사랑 하듯 순수하게 하고 있습니다. 배움이 두렵지 않기 때문에 남에게 가르쳐 주는 것 또한 두렵지 않습니다.

또한 한번 배운 것은 계속한다는 것입니다. 일회성으로 끝나는 공부가 아닌 시작하면 끊임없이 노력하고 발전시키는 것이 제가 제일 잘하는 일이라 할 수 있을 것입니다. 계속하고 있는 것들은 각종 공예와 심리 공부, 건강 관련 공부를 하고 있습니다. 무엇이든 할 수 있는 일을 하는 것은 여러 일을 하기에 충분하리라 봅니다.

N-잡러가 되기 위한 첫 번째 조건으로는 내가 할 수 있는 것을 해서 그것이 돈이 되게 하고, 시간을 버는 일이 되어 내가 하고자 하는 일들을 늘려나갈 때 좋은 결과를 얻을 수 있습니다.

나만의 업무 스타일(루틴)

·

·

누구나 편한 업무 스타일이 있습니다.

마치 밥을 먹을 때 오른손잡이가 오른손으로 밥을 먹을 때 편한 것처럼 또는 밥부터 먹고, 반찬을 먹는 사람, 국부터 먹고 밥을 먹는 사람 등 다양한 패턴이 있습니다. 어떤 일을 할 때도 편한 방법이나 일을 늘 해나가는 순서들이 있습니다. 즉 업무에는 스타일이 있고 그 스타일의 반복적인 패턴이 있습니다. 그것이 루틴입니다. 저자의 현재 루틴은 일주일 즉 7일을 8일처럼 사는 것입니다. 제8요일을 사랑합니다.

월요일

4시 30분에 기상

5시 글쓰기 모임을 하고 (자기 계발)

6시 명상

6시 30분에 블로그 만들기 공부하고 (자기 계발)

7시 30분에 회사로 출근하게 됩니다

8시 스터디후/ 조회 상담 강의 11시 / 활동

.

.

.

토, 일

협회 활동

자기 계발

강의 등

그룹을 나눠 루틴을 정합니다. 일자별 루틴도 있지만 하는 업무의 루틴도 있습니다. 이를 그룹으로 나눠 진행하기도 합니다. 강의, 공예, 자기 계발, 컨설팅, 관리자, 상담, 판매 등 그룹별로 루틴을 만들어 움직이는 것이 사실입니다. 무엇보다 이런 일의 루틴을 진행할 때 제일 중요한 것이 있습니다.

여기서 제일 중요한 것은 업무별 플랜입니다. '계획(PLAN) − 실행(DO) − 분석(SEE)' 체크하여 재실행하는 루틴을 잊지 말아야 합니다.

루틴이 적을수록 성과는 높습니다. 그렇다 하더라도 습관이 될 때까지는 루틴을 만들어 계속 반복하는 것이 좋습니다.

하지만 이제부터 N-잡러의 진짜 노하우를 공유합니다.

진짜 노하우는 한 가지 일을 하면 2~3개의 일이 한꺼번에 이루어지는 겁니다. 콩나물 하나로 국도, 무침도 되듯이 또는 교집합처럼 한 가지 업무할 때 겹쳐 일이 처리되도록 하는 겁니다. 컨설팅하며 관리가 된다든지, 상담을 통해 판매가 일어난다든지 하나의 일을 통해 여러 일을 할 수 있도록 찾는 것이 N-잡러의 노하우입니다. 즉, 한 가지 일로 여러 일이 멀티로 처리되도록 합니다. 매번 고민하여 한 가지로 여러 일이 처리될 수 있는 패턴을 찾아 루틴을 만드는 일입니다.

경청·배움·나눔

.

.

늘 모든 것은 들음에서 성장하고 그것으로 배움을 통해 남에게 나누는 것이 중요합니다. 그래서 만든 협회가 있습니다. 이름이 글로벌 강사인 협회입니다. 글로벌 강사인 협회의 신조는 즉 비전은 경청, 배움, 나눔입니다.

경청(傾聽), 귀 기울여 듣고 그것을 통해 많은 것들을 서로 배우고 전 세계적으로 나눌 수 있는 협회입니다.

제일 중요한 것이 양심, 인내, 인성입니다. 어느 세미나에서 들었는데 우리의 양심, 인내, 인성은 X-RAY, CT, MRI에도 나오지 않는다고 합니다. 그만큼 여러 가지 지식과 경험과 실력이 있어도 인성이 되지 않는다면 그리고 그걸 나누지 않는다면 아무 쓸모가 없습니다. 모든 일에 높고 낮음이 없이 모든 이를 선생으로 삼아 경청하는 것이 중요하다고 생각합니다. 그리고 그것을 배우는 자세로 겸손함이 필요하다고 생각합니다. 어렸을 적 어머니께서 50원짜리 동전을 가지고 이야기해 준 적이 있습니다. 오십 원짜리 동전에 벼가 익어 고개를 숙인 것처럼 "사람은 배우면 낮아질 줄 알아야 한다. 항상 겸손하여라" 이야기해 주셨던 기억이 납니다. 그리고 "누군가 원하면 내 입에 있는 것도 빼서 내어 주어라." 아낌없이 주라는 어머님의 훈시 말씀이 생각이 납니다. 그리 생각해보니 배운 것을 남에게 나누려는 마음에 일들이 N-JOB이 된 것 같습니다.

최고의 N-JOB러 상담가(컨설턴트):

당신은 모든 이들이 무엇이든 물어볼 수 있는
멋진 상담가가 될 수 있습니다.

점, 선, 면의 원리로 꿈을 이루는 상담사

·

·

니노베이션 -세상에 없는 것을 1로 만드는 스타트 '일단 시작하고 나중에 완벽해져라.' 조언해주신 최 대표님의 말씀처럼 저도 그렇게 실천하고 살아가고 있습니다.

"난 책을 쓰는 작가가 될 거야!"라는 것을 중3 때부터 외쳤는데 이렇게 완벽하진 않지만, 책을 써 내려가고 있습니다. 그렇게 꿈이 이루어지나 봅니다. 저자는 고객님 또는 만나는 모든 이에게 "무엇이든 물어보세요."라고 이야기합니다. "커스터마이징으로 해결해 드리겠습니다."라고 이야기합니다.

옷을 주문하고 싶은데 눈도 좋지 않고 고르는 법을 몰라 고민하는 분을 위해 구매대행을 해주다 보니 이제는 사진만으로 원단을 알 수 있는 능력치까지 갖게 되었습니다. 관심이라는 아주 적은 점을 찍으니 말입니다. 그것은 저자가 N-잡러가 되게 된 이유이기도 합니다.

처음엔 아주 간단한 질문을 고객들이 물어봤을 때 검색이나 누구에게 묻거나 책을 통해 도움을 주었지만, 점점 복잡한 일들과 어려운 일들을 질문해오기 시작했습니다.

건강을 상담하는 사람이었기에 건강에 관한 질문들을 많이 받았습니다. 건강을 알려드리기 위해 마사지라는 것을 배우게 되었습니다. 마사지로 근육을 풀어 주던 중 똑같은 상황인데도 호전이 되지 않는 겁니다. 알고 보니 음식을 어떤 음식을 먹느냐에 따라 상황이 달라진다는 것을 알게 되었습니다.

'아하 식품학을 공부해야겠다' 마음을 먹고 열심히 식품학을 공부하게 되었습니다. 그러니 훨씬 케어가 잘되었습니다. 하지만 한계가 있었습니다. 또 케어가 안 되는 겁니다. 어떻게 하지 고민하다가 보니 마음에 감기가 있는 분들은 마사지도, 식품도 그리 좋은 결과를 주지는 못했습니다. '아하 마음공부를 해야겠구나' 싶어 심리에 관련된 공부를 15년째 하고 있습니다. 많이들 아는 미술 심리, 차를 마시며 치유하는 차 심리 등 다양한 심리 공부를 통해 좀 더 가까이 다가갈 수가 있었습니다. 마음공부도 결국 정신력이 중요하다는 것을 알았기에 이제는 멘탈을 상담하는 사람이 되었습니다. 아주 작은 점처럼 한 가지로 시작한 공부가 선처럼 연결이 되어 면을 이루고 경험들이 쌓여 이렇게 많은 이들에게 글로 내가 N-잡이 될 수 있게 되었습니다.

점·선·면, 어떤 것도 작은 점에서 일들이 이루어집니다. 선이 되고 면이 될 때 보여질 수 있는 마음의 공간이 이루어집니다. 내가 먼저 작은 점 같은 꿈을 꾸고 그 수많은 꿈을 이어갈 선을 찾아 달려가는 겁니다. 그 점들이 어느덧 꿈을 향해 달려가는 길이 되어 있을 겁니다.

더하기 빼기만으로 설계하는 멋진 상담

.

.

살아가면서 사람들은 복잡한 것들을 해결했을 때 더 큰일을 이루었다고 생각하는 경우가 많습니다. 그래서 복잡한 수식을 써서 무언가를 이루었을 때 이루어낸 사람처럼, 똑똑하다고 생각하는 사람이 많습니다. 하지만 그것은 그렇지 않습니다. 곱하기도, 나누기도 어떤 복잡한 수식도 더하기가 곱하기가 되고, 수없이 많은 빼기가 나누기가 되는 것을 알 것입니다.

상담하러 오는 대부분의 분들은 복잡한 문제를 더 복잡하게 더하러 오거나 무언가 복잡한 것을 어려운 공식을 써서 정리하려고 찾아오는 경우가 많습니다. 하지만 이렇게 상담해드립니다.

"인생을 살아가면서 더하기 빼기만을 잘하면 됩니다.", "저는 수포자(수학 포기자) 중의 하나입니다."

하지만 살아가는데 부족한 건 더하고, 넘치는 건 빼고 살다 보니 세상에 복잡한 일들이 아주 단순해지더군요. 지금 머리가 복잡한 건 너무 욕심을 내거나 아니면 아무 생각 없이 요행을 바라는 게 아닌가 싶습니다.

내담자께 묻고 싶습니다. 밥을 먹을 때 김 하나만 있다고 밥을 못 먹는 것도 아니고, 뷔페를 갔다고 거기 있는 모든 것을 다 먹을 수 있는 것은 아닙니다. 필요한 만큼 그리고 부족한 만큼만을 채운다는 마음을 가지면 모든 일들은 단순하게 해결이 될 것입니다.

ON/OFF 안내자

．

．

　상담하다 보면 대부분은 '자기는 결정장애'가 있다고 고민을 이야기합니다. 그래서 마치 타로나 점을 치듯 저에게 와서 생각을 맞춰보라는 또는 선택해달라는 경우가 많습니다. 그럴 때마다 컴퓨터를 전공한 저는 2진법을 이야기합니다. 그렇게 복잡하고 어려운 일들을 해내는 컴퓨터도 결국은 2진법으로 이루어져 있다고 단순화시켜 이야기해줍니다. 물론 컴퓨터는 IF THEN 조건으로 이루어집니다. 그래서 삶에서도 저는 IF(만약)라는 단어를 항상 이야기합니다. 그 이후 0과 1로 즉 ON과 OFF로 정리하라고 합니다. "한다! 안 한다!"로 단순하게 결정하기를 권합니다. 물론 그렇다고 우리가 사랑을 고민할 때처럼 아카시아 나뭇잎을 따서 '좋아한다.', '좋아하지 않는다'라는 막연한 기준이 없는 감정으로 ON/OFF를 결정한다면 언제나 마음에 후회가 남을 것입니다. 그냥 감정의 ON/OFF가 아닌 정확한 통계의 값으로 사례로 그것들을 검증했을 때 ON/OFF를 결정할 수 있습니다. 컴퓨터는 그렇게 정확한 정보를 입력했을 때 프로세스에 오류가 없이 일이 진행되는 것처럼 결정장애가 왔을 때 저자는 '내가 컴퓨터라면'이라는 전제로 고민해서 단순화시키고 그것을 ON/OFF화합니다. 그러면 조금도 고민거리 없이 결정되어 일들이 처리되곤 합니다. 하지만 일을 처리할 때 1,2,3,4의 일이 있을 때 1은 ON 2는 OFF 이렇게 보자마자 처리가 되지는 않습니다. 그래서 수집을 했다면 SORT(정렬)이 중요합니다. 단체로 식당에 가서 메뉴를 주문할 때 밥을 먹을 사람, 면 먹을 사람을 먼저 손들게 하는 것과 마찬가지입니다. 고민의 카테고리를 분류한 다음 순서와 상관없이 빨리 ON/OFF로 결정할 수 있는 일들을 먼저 진행합니다.

그렇다면, 혹시 급하게와 빠르게의 차이를 아시는지 묻고 싶습니다.

우리는 살아가면서 급하게와 빠르게를 구분하지 못해서 빠르게 해야 할 일들을 급하게 처리하는 경우가 너무도 많습니다. 급하게는 결국 과정을 무시한 채 처리하는 것을 말합니다. 하지만 빠르게는 빌드업 즉 평상시에 정보와 지식을 차근차근 쌓아가는 것을 말합니다. 갑자기 급하게가 아닌 평소에 쌓아놓은 지식이 빌드업되었을 때 기간을 정해야, 속도를 낼 수 있는 빠르게 처리가 되는 것입니다. 우리가 빠르게 처리하지 못하는 것은 결국 과정을 무시한 채 급하게 일을 처리했기 때문입니다. ON/OFF처럼 명백해지려면 과정을 정확히 남이 아닌 자기가 알고 있어야 합니다.

이렇게 컨설턴트가 되다

컨설턴트란 무엇인가? 상담이라고 생각합니다.

보험의 세계에 뛰어들다

대체의학(자연치유 시술사)이라는 것을 통해 환자들을 케어하던 저는 어느 날 환자분들이 보험이 많이 없다는 것을 알게 되었습니다. 경제적으로도 여유가 없고, 건강도 안 좋아지면 정말 큰 일이겠다 싶어 아는 지인에게 보험을 소개했으나, 만족하지 못했고 화가 난 저는 보험회사를 직접 찾아갔습니다. 불만을 이야기하던 중 "그럼 본인이 하면 된다"라고 하는 것입니다. 그래서 그럼 어떻게 하냐 물었더니 본인이 설계사 시험을 직접 보고 컨설팅을 하라는 것이었습니다. 어릴 때부터 보험이 아들이라고 늘 어머니께서 말씀하였기에 그리 좋은 감정을 품지는 않았지만, 남에게 맡기는 것보다 낫겠다 싶어 직접 일을 하게 되어, 투-잡이 되었습니다.

수납과 정리 그리고 나눔

아이를 낳고 산후 우울증으로 집을 정리하지 못하는 것을 보았습니다. 집을 좀 정리해드리려 했으나 내 집이 아니다 보니 무얼 어떻게 정리를 도와줘야 할지를 몰라 당황했습니다. 고민하던 중 수납정리전문가라는 과정을 처음 알게 되었습니다. 처음엔 간단히 그분을 돕겠다는 마음으로 공부하다가 전문가 과정까지 공부하면서 사물을 정리하고 수납하는 것이 아니라 마음을 돕고 정리하는 수납전문가가 진정 수납전문가라는 것을 알게 되어 정리하는 법을 나눔하게 되었습니다. 누군가를 도울 마음으로 배운 지식이다 보니 너무도 열심히 경청하게 되었습니다. 그것을 배우고 그분에게 기쁜 마음으로 지식 나눔 할 수 있게 되었습니다. 하나의 N-잡이 생기게 되고 N-잡의 시작이 되었습니다.

인테리어 마케팅 디자이너의 길

대전에서 서울로 미용실을 하겠다는 도전을 품은 이쁜 언니의 가게를 이틀에 한 번씩 대전에서 서울로 올라다니며 인테리어와 소품까지 함께 배치했고, 상호도 함께 지어주었습니다. 20년이 가까이 된 이름인데도 촌스럽지 않은 이름입니다. '필헤어 테라피'입니다. 그 당시 테라피라는 말이 낯설었지만 지금은 너무도 당연한 이름이 되었습니다. 그 이후로 많은 가게들과 회사들을 창업하고 싶다는 분들에서 영감을 얻어 로고와 상호를 만들어주고 인테리어를 컨설팅해주는 인테리어 마케팅 디자이너가 되었습니다. 또 하나의 N-잡이 생긴 겁니다.

세상에 하나뿐인 선물 Handmade

누군가에게 아주 특별한 선물을 하고 싶은 마음이 들었습니다. 여기저기 쇼핑몰을 찾아다니고 돌아다니고 해도 마음을 선물을 할 수 있는 딱 맞는 멋진 선물이 없었습니다. 고민하던 중 98년부터 조금씩 취미로 하던 공예를 선물로 만들어서 특별한 선물을 해야겠다는 생각이 들었습니다. 좀 더 전문적으로 배워야겠다는 생각이 들어 2013년부터 문화 센터나 시민대학을 통해 공예를 배우기 시작했습니다. 마음을 글로 표현할 수 있는 캘리 그라피, 아기자기 귀여운 양말 공예, 세상의 하나밖에 없는 약속 반지 금속 공예, 그리고 7년이나 할까 말까 고민하던 중 결심한 가죽공예, 환경을 살리는 도우아트, 업싸이클링을 할 수 있는 아크릴 아트, 세상을 다 가지고 싶은 미니어처, 손톱 네일은 답답해도 자개의 매력에 빠진 레진아트 등 20가지가 넘는 공예를 하면서 사람마다 좋아하는 스타일이 있다는 것을 알게 되었습니다. 갖고 싶은 마음 알아서 그렇게 선물을 하기 시작했습니다. 오롯이 한 사람을 위해 세상에 하나밖에 없는 핸드메이드 작품을 만들기 시작했습니다.

지금은 레진아트와 가죽공예를 메인으로 작품을 만들어 아주 특별한 선물로 주고 있습니다. 만족도는 너무도 좋았고 선물을 받는 분들은 어떤 비싼 명품 선물을 받는 것보다 기뻐했습니다. 그렇게 하다 보니 좀 더 많은 분에게 특별한 선물을 보여 드리고 싶어서 프리마켓을 나가게 되었습니다.

부지런히 꿈을 키워가는 공방 주인

지금은 두 개의 공방을 운영하게 되었습니다. 많은 이들이 꿈을 가지고 살아갔으면 하는 바람에 공방 이름을 '꿈꺼리 공방'과 늘 푸른 푸른 꿀벌처럼 부지런한 마음으로 함께했으면 하는 공동 공방인 '그린비 공방즈'를 함께 운영하게 되었습니다. 많은 이들에게 즐거움을 주는 공방주가 되었습니다.

한 달에 1~2번씩 공방 프리마켓을 나가게 되었습니다. 프리마켓은 또 다른 상담의 창구가 되었습니다. 그리고 1년에 한 번씩 의미를 담아 멋진 작품들을 만들어 작은 전시회도 참여하고 있습니다. 즉, 남들이 취미로 했던 호기심들이 저자에겐 꾸준히 하다 보니 JOB이 또 하나의 JOB이 되었습니다.

아직도 꿈을 꾼다

저자의 미래의 꿈은 학교입니다. 이런 다양한 N-JOB을 통해 경험학교를 세우는 것이 저자의 비전입니다. 아주 다양한 경험하고 있는 실제 경험의 선생님들이 진정한 일을 하고 싶은 후배들에게 경험과 마음을 전할 수 있는 그런 학교를 세우는 것입니다. 학벌이 아닌 진정한 장인이 그대로 흘러 흘러 문화가 될 수 있는 그런 배움을 경청하고 배우고 나눌 수 있는 경험학교를 세우고 싶습니다. 그래서 저자는 늘 배움을 찾아다닙니다. 그것 때문에 저자가 또 다른 만남을 갖게 된 것이 있습니다. 사람 책이라는 그것을 알았습니다. 최종 목표는 사람 책이 되어 멋진 교장이 되는 것이 저자의 꿈입니다.

이 글을 읽고, 이 글을 통해 N-잡러가 되시면 "덕담"이라는 경험학교에 오셔서 사람 책이 되어 함께 꿈을 키워가면 좋겠습니다. 30년의 경력이 되시는 분들을 선생님으로 모시겠습니다. 진정으로 환영합니다.

그렇게 모두 N-잡러가 되길 응원합니다.

chapter 4

인생 0 순위

-조혜숙

조혜숙

건강, 다이어트, 해독 전문 프랜차이즈 자담인 운영진

1박 2일 힐링 건강캠프 운영진

뭉치고 틀어진 근육과 척추를 바로세우는 프롭 강사

조직 관리 리더십 강사

다이어트 전문 건강상담사

살 빼는 게 제일 쉬운 살 빼는 전문가

평생 아프지 않고, 약 먹지 않는 행복한 삶의 기본이 되는 건강습관을 전파하고 있는 건강계몽전도사

나를 살리고 가족을 살리고 이웃을 살리는 '최고의 재테크는 건강이다' 건강자산운용가

답안지는 어딨어?

.
.

건강의 답안지를 자연에서 찾았다.

밀가루 음식과 빵, 떡을 무척 좋아했다.

중학생 때 라면이 맛있어서 몇 날 며칠을 라면만 먹다가 결국 장에 탈이 나서 일주일 넘게 고생을 했다.

밥은 안 먹어도 비스켓으로 끼니를 대신하기도 했는데 믹스 커피에 비스켓 한 조각을 찍어 먹으면 그게 그렇게 꿀맛이었다.

빵도 워낙 좋아하다보니 엄마께서 말씀하시길

"숙아, 니는 빵집 공장에 시집 가거라"고 할 정도였다.

먹는 음식이 나를 만든다고 했는데 큰 지병을 가진 건 아니었기에 그냥 그 식습관대로 살았다.

피부는 하얀 편이였지만 피부기능은 악건성으로 세안을 하면 얼굴이 심하게 당기고, 샤워후 바디오일을 바르지 않으면 건조해서 가려웠고 겨울이 되면 하얀 각질이 일어나 검은 옷 입기가 꺼려질 정도였다.

주근깨와 기미가 얼굴에 깔려 있으니 누군가는 내게 깨 밭에 엎어졌냐고 놀리기도 했다. 팔뚝과 허벅지에는 일명 닭살이라는 게 오돌토돌 올라와 이태리타올로 밀어도 없어지지 않아 늘 고민이었다.

건강 공부를 하면서 그게 대장 독소 때문이라는 걸 알게 되었지만 그때는 그저 원인은 모른 채 닭살엔 약도 없다고 생각했다.

의료가 발달되고 약 종류들이 늘어났지만 아무것도 아닌 닭살이 약으로 없어지는 것이 아니라 원인인 대장 독을 없애야 한다는 걸 이제는 안다.

어른이 되어 아토피 피부로 불편함을 겪게 되었다.

얼마나 가려운지 피가 날 때까지 긁어야 긁기를 멈추었다.

자고 일어나면 이불에는 핏자국과 몸에서 떨어진 각질들로 흔적이 남았다.

다리로 나오는 진물과 목으로 심하게 올라오는 아토피 증상으로 한여름에도 목에 스카프를 하게 되었다.

아토피로 고생하는 주변 사람들이 약을 먹고 바르고 했지만 조금 좋아지는 듯 하다가 다시 더 나빠지는 걸 보고 나는 다른 방법이 없을까 고민하며 찾았다.

생명에 지장이 있는 건 아니었지만 피부로 나오는 증상이 생각을 움츠려 들게 하고, 보이기 싫은 피부로 인해 행동도 소극적으로 되니 사회생활이 불편했다.

죽을병은 아니었지만 생각의 질, 삶의 질에 영향을 미쳤다.

건강은 금은보화보다 소중하다.

세상에서 가장 소중한 것이 부모로부터 받은 생명이 아닐까 한다.

우리는 태어나면서 이 소중한 생명을 지키기 위해 부단한 노력을 해야 함에도 불구하고 그저 값없이 받았기에 소중함을 잊고 살 때가 많다.

소 잃고 외양간 고친다는 말이 있듯 소중한 것을 잃고 나서 후회하지 않기 위해 건강에 더욱 관심을 두게 되었다.

다 알다시피 내가 먹은 음식이 나를 만든다.

사고가 아닌 이상 모든 질병은 내가 입으로 먹고, 마음으로 먹은 것들이 원인인 것이다.

건강이 화두인 시대이다.

아침 TV나 유튜브에는 각종 건강에 좋은 음식과 정보의 조언들이 넘쳐나고 있다.

백인백색이다. 비슷하지만 다르다.

심지어 같은 대상을 놓고 반대로 주장하기도 하며 같은 중상에 대해서 정반대의 처방을 내놓기도 한다.

물은 하루 2리터 이상 갈증 나기 전에 먹어줘야 한다고 주장하는가 하면 물은 갈증 날 때 먹어야 한다는 주장도 한다.

아침밥은 꼭 먹어야 한다는 주장과 아침시간은 배출시간이니 조식폐지를 주장한다. 후자의 경우 아침 시간은 배출과 정화 에너지를 소화 에너지로의 전환을 막기 위함이고 또한 아침은 아드레날린의 호르몬 분비가 왕성한 시간이기 때문에 혈액이 뇌와 근육으로 가서 소화 기관에로의 혈액 공급량이 줄어든다는 것이다. 당연히 소화액의 분비에도 영향을 미칠 것이다.

전문가들도 소속 분야별로 서로 다른 주장을 내세우니 더욱 혼란스럽다.

어느 때부턴가 그들의 주장을 건강법이라 하지 않고 건강설이라고 말하기 시작했다. 이론이 모두 진리는 아니기 때문이다.

건강법도 유행을 타고 건강식도 유행을 타고 건강식품도 유행을 탔다.

기준이 필요했다.

23년 전 어느 날 자연(自然)의 의미를 알게 되었다.

자연은 진리다. 그래서 정확하다.

진리는 복잡하지 않고 단순하다고 알고 있다. 자연은 단순하다.

보편적이고 상식적인 것이 모두가 진리인 것은 아니다.

특히 건강은 생명과 직결되는 것이기 때문에 건강에 관해서는 올바른 판단의 기준이 필요했다.

내가 하는 식생활습관이 자연스러운지 부자연스러운지를 단순하게 생각해보기로 했다.

무슨 일이든 단순하게 생각하면 중요한 부분에 집중할 수 있고 일이 쉽게 풀려질 수 있으니까 말이다.

우리는 자연에서 왔으니 자연이라는 정답지에 자연스러운지 부자연스러운지 대입시켜 보기로 한 것이다.

자연(自然)

스스로 自

그러할 然

스스로 그러한 것

스스로 최선을 이루는 것

스스로 완벽해지는 것

스스로 최적화되는 것

그리고 자연이 곧 천연(天然)이라는 것도 알게 되었다.

그래서 그 속에 신성이 있다는 것을 깨달았다.

자연은 완전이라는 속성을 갖고 있다는 것을 알게 되었다.

'자연스럽다라는 말은 완전하고 완벽해서 손 댈 것이 없다는 것이요, 그 자체가 참인 것을 의미한다는 것을 재발견했던 것이다.

자연은 인위(人爲)의 반대이고 거짓 위(人+爲=僞)자의 의미를 다시 보면서 자연은 완벽하다는 뜻임을 알게 되었을 때 뛸 듯이 기뻤음이 그 이유였다.

'자연스럽다'와 '천연스럽다'가 동의어라는 것도 또 한 번 놀라게 했다.

'천연(天然)스럽다'

이 표현은 하늘이 한 것 같다.

하늘답다, 신(神)답다, 완전하다의 또 다른 표현이었던 것이다.

자연에 대입하니 답이 간단히 나왔다. 복잡한 이론적 해석이 필요 없었다.

자연은 이미 결과를 보여주고 있었던 것이다.

즉문즉답이 거기에 있었다.

병원도 없고 약도 없는 자연에서 사는 동물과 식물은 어떻게 하는지 자연에게 물어봤다.

밥을 배고플 때 먹어야 하나?
규칙적으로 먹어야 하나?

배고프지 않아도 규칙적으로 먹어야 소화액도 규칙적으로 나온다며 규칙적인 식사를 해야 한다고 주장하는 일부 전문가들의 얘기에 대해 입맛이 없으면 침이 안 나오고, 먹고 싶을 땐 침부터 나오는 자연스러움을 대입시켜 보았다.

맛있는 음식이 앞에 있으면 "너 왜 침부터 질질 흘리냐", "야, 너 침부터 흘리지 마라"라는 말들을 생각해보니 배고플 때 먹는 것이 가장 자연스러운듯하다.

배가 고플 때는 먹고 싶어 침이 먼저 와서 대기하고 있으니 소화도 잘 될 듯하다.

갈증 날 때 물먹어야 할까?
갈증 나기 전에 물을 미리 먹어 줘야 할까?

물로 자라는 화초를 생각해보았다.

화초처럼 물을 필요로 하고 물을 좋아하는 것도 없다. 물주기를 실패하면 화초 키우기도 실패하게 된다.

화초가 물을 쭉 빨아 당길 때는 바짝 마른 상태, 갈증이 있는 상태다.

마른 화초에 물주기를 해보면 바로 안다.

물을 많이 주면 뿌리가 썩어 버린다. 갈증을 겪으면서 성장하는 것이다.

이처럼 건강의 답을 자연에서 찾았다.

답은 자연의 이치, 자연의 법칙, 자연의 현상에 있었음을 알게 된 것이다.

답은 자연에 있다.

인생 0순위

'사람에게 가장 소중한 것은 건강이다.'

― *히포크라테스*

장의 독소가 운을 막아 버린다고?

장 건강이 운을 결정한다.

건강해지려면 뭘 해야 하냐고 물었다.

'똥가스, 똥독을 빼라.'

똥독을 빼야 뇌가 맑아지고 뇌가 맑아져야 마음이 맑아지고 마음이 맑아져야 운이 트인다.

'배알이 꼴린다'는 말은 곧 장상태가 불편해 마음상태가 꼬인다는 뜻이다.

'환장한다'는 말도 있다. 속이 무척이나 불편하여 대단히 화가 난다는 뜻이다.

장의 위치가 바뀌었으니 얼마나 속이 불편하겠는가.

또 그 반대로 '너 뱃속이 편안하구나'라는 말처럼 장상태에 따라 마음의 상태도 편안하다는 뜻이다. 그만큼 장과 마음은 서로 연결되어 있다.

장, 마음, 뇌는 연결되어 있는 것이다.

뇌 속 중앙에 송과(松果)체라는 내분비 기관이 있는데 생긴 모양이 솔방울 모양이어서 솔방울 샘이라고도 부르는 호르몬을 만드는 중요한 기관이다.

부처님의 머리가 솔방울 모양을 하고 있다.

뇌 속 기관인 송과체를 우주의 기를 받아들이는 우주의 안테나, 제3의 눈이라고도 한단다.

눈을 통해 건강을 알아보는 망진 법인 홍채 진단학에 의하면 송과체 영역에 장독소가 쌓인 상태를 관찰할 수 있다.

특히 부정적인 성향을 가진 사람의 홍채를 보면 이 부분이 시커멓게 나타나 있다.

장의 독소가 뇌로 올라가 이 송과체에 독이 퍼지면 우주의 생육에너지 유입이 차단되어 파괴적이고 부정적인 생각을 하게 된다는 뜻이기도 하다.

이 송과체는 행복과 숙면호르몬인 세로토닌과 멜라토닌 호르몬 분비에 직접적인 영향을 미친다 한다. 장상태에 따라 건강 상태가 달라지고, 건강 상태에 따라 생각이 달라지고 생각이 달라지면 운이 달라진다는 것이다.

장 건강이 중요한 이유가 바로 여기에 있다고 본다.

장청뇌청, 장이 맑아야 뇌가 맑아진다.

뇌청몸청, 뇌가 맑아야 몸이 맑아진다.

몸청운청, 몸이 맑아야 운이 맑아진다.

하는 일이 잘되는 사람을 보면 대체로 활기차다.

장이 건강해서 에너지가 좋기 때문이다.

화초가 싱싱하게 자라려면 화초 뿌리가 건강해야 하듯 활기가 넘치려면 건강의 뿌리가 되는 장이 건강해야 한다.

장 속에는 100조개에서 많게는 300조마리의 세균(박테리아)이 있다고 한다.

그 중 유익 균이 80퍼센트가 되어야 장이 제 기능을 갖는다는데 그 중요한 조건이 음식이란다.

무엇을 먹고, 어떻게 먹고, 얼마나 먹는지를 되짚어 보면 건강의 바로미터가 되는 장상태의 답은 나와 있다.

일본의 대사상가이자 운명학자인 미즈노 남보쿠는 〈절제의 성공학〉이라는 책에서 말한다.

"육식은 마음을 탁하게 하는 음식이다. 고기를 먹으면 마음을 깨끗하게 유지하기 힘들고, 채소를 먹어야만 맑은 정신을 유지할 수 있다. 귀천을 막론하고 마음이 탁하면 성공할 수 없다."

"젊어서부터 육식을 많이 하면 노년을 겪지도 못하고 죽는다."

참 무서운 얘기인데 그냥 흘려듣고, 먹고 싶은 대로 먹은 후 아프다고 병원을 찾는 사람들을 보면 안타깝다.

동물의 위장, 특히 육식 동물의 위장은 PH2 이하다. 강산성이니 충분한 위액이 분비된다. 그래서 강한 뼈나, 많은 양의 단백질을 소화하는 데에 문제가 없어 장내에서 부패를 막아준다.

부패가 없다는 것은 혈액의 산성화를 막는다는 것이다.

하지만 사람은 그렇지가 못하다. 더구나 당도가 높고 칼슘이 대부분 제거되고 정제된 음식을 주로 섭취하게 된다.

장내 부패가 심해 혈액을 산성화시키는 육식을 한다면 피가 탁해지는 건 당연하다.

육식은 피를 탁하게 하고 장에 좋지 않다는 것을 다 알면서도 육 고기 음식에 중독되어 있는 사람들이 많다.

음식 절제가 쉽지는 않지만 내가 먹는 음식이 운에도 영향을 미친다 하니 못할 일도 아니라는 생각이다.

건강에 좋은 음식이 뭘까? 간에 좋은 음식이 뭘까?

건강의 뿌리인 장에 좋은 음식이면 된다.

좋은 걸 못 먹어서 아픈 사람은 없다 했다. 좋은 것 찾아다 니며 먹기 전에 나쁜 걸 먹지 말고 자제해야 하는 것이다.

건강 찾기는 복잡한 것도 멀리 있는 것도 아니다.

건강은 식탁에 있다.

밀가루 음식인 빵, 칼국수, 수제비, 라면, 피자, 과자, 부침 전, 고기 등등.

가리는 편이 아니고 좋아해서 즐겨 먹다보니 잘 체하고, 가 스가 잘 차고, 변비가 있어 속이 항상 더부룩했지만 일상적인 일 이었기에 그냥 다들 그런 줄 알았다.

어려운 자리에서 가스가 차서 방귀가 나오면 참았더니 방귀 가 어디로 사라지고 없어졌다.

어? 내 방귀는 어디로 갔지?

장독, 장가스의 80%는 혈액을 타고 온 몸으로 스며들어 버 린 거다.

온 몸으로 퍼진 장독소로 인해 원인 모를 두통, 불면, 우울, 소화불량, 피곤함, 어깨 통증, 허리 통증, 비만, 변비, 혈압 등등. 장 독이 전신 질환의 원인인 것이다.

소장 7m, 대장 1.5m, 직장 15cm, 약 9m나 되는 장 속에 숙변 3~12kg, 잔변 2~7일분, 가스들이 가득 차 있어 복부에 압력이 생긴다. 부푼 고무풍선처럼 복부 압력이 생기면 상하체의 순환이 원활하지 못해 아래 위가 막히게 되어 수승화강이 이루어지지 않는다.

복압을 없애면 상하체의 순환이 원활해지니 저절로 수승화강이 이루어진다.

복압을 낮추었더니 복부 둘레가 후루룩 줄어들 뿐 아니라 두통과 우울증, 불면증이 개선되는 사례를 많이 보았다.

무릎 관절통, 어깨 무거움 등도 사라지는걸 보았다.

복압을 빼려면 어떻게 하지? 장독부터 빼야 한다.

장독이 심한 사람은 몸에서 썩은 냄새가 많이 난다.

건강 상태에 따라 다양한 냄새를 낸다. 누린내, 비린내, 지린내 등 이것들이 다 섞여서 고약한 냄새를 풍기면 가까이 가기도 꺼려진다.

운도 속이 썩어 고약한 냄새를 풍기는 사람보다 속이 깨끗하여 향기 나는 사람을 좋아할 것 같다.

속이 뒤틀린 사람의 표정은 밝지 못하다.

밝지 못한 표정은 운을 막아 버린다.

그에 반해 밝은 표정은 운을 끌어들이는 힘이 있는 것이다.

운이 좋아지려면 속을 편하게 하는 장독을 빼라.

행복과 안정감을 느끼게 해주는 세로토닌은 주로 장에서 만들어지며 실제로 전체 세로토닌의 80%이상이 장에서 만들어질 뿐만 아니라, 장에 있는 뉴런을 통해 몸 안에서 전기적 발생으로 느낌을 만드는 '육감'을 만들어 내는 장은 제2의 뇌라고 불린다.

장청뇌청, 장이 깨끗하면 머리도 맑아진다는 말이 근거 없이 생긴 말이 아니다. 건강은 그 뿌리가 되는 깨끗한 장에서 시작되어야 한다.

건강해야 운도 따라온다.

장 건강이 몸 건강과 운 건강에 밀접한 관계가 있음을 실감한다.

몸속 대청소는 어떻게 하지?

· · ·

몸속 대청소는

물이 할까?

운동이 할까?

영양이 할까?

몸속 청소 해독의 주체는 백혈구와 리소좀이다.

딱 3일.

3일의 기적

몸속을 청소하는 가장 안전하고 확실한 방법은 몸속 청소부를 깨워 청소시키는 일이다.

집 밖 거리에는 거리를 청소하는 환경미화원이 있고, 집안 가정은 가정을 청소하는 집주인이 있듯 우리 몸의 세포와 세포 사이 즉, 세포 외부를 청소하는 백혈구가 있고, 세포 내부를 청소하는 리소좀이라는 게 있다.

주부가 배가 부른 상태가 되면 집안 청소하기가 귀찮고 미뤄지듯 백혈구가 배가 부르면 청소하기를 싫어한다고 한다.

배가 부르게 포식한 백혈구는 비활동적이 되는 것이다.

배부르게 포식한 세포내부 청소부인 리소좀과 세포 외부 청소부인 백혈구가 활동을 안 한다는 것이다.

식후 올라간 혈당을 조절하는 호르몬은 인슐린 하나라고 하지만 백혈구도 그 역할을 한다고 한다.

혹시 식사를 많이 한 후 힘이 들지 않던가. 에너지가 딸리는 사람은 식후 식곤증을 겪는 것처럼 백혈구도 당을 포식하면 힘이 없다고 한다.

백혈구의 힘이 면역력이라고 했는데 포식된 백혈구로 인해 식후에 면역이 가장 약하다.

칼을 대지 않는 수술, 단식으로 청소하기
해독의 주체인 백혈구 깨우기

나를 위해, 가족을 위해 요리하는 주방에 요리를 해서 먹기만 하고 음식물 찌꺼기들을 방치해두면 어떻게 될까.

설명할 필요 없이 뻔하다. 청소되지 않은 음식 찌꺼기가 쌓여 막히고 악취가 나고 엉망이 될 것이다.

아무리 하찮은 물건이라도 더러우면 깨끗이 해야 하고 정갈하게 해야 한다.

그것이 아낀다는 것이다. 어떤 것이든 보살피고 아끼면 보상이 따른다.

내가 살고 있는 집인 내 몸은 내가 깨끗하고 정갈하게 해주는 것이 아끼는 것이다.

몸속 안이 보이지 않는다고 마구 집어넣고 지저분해도 청소해주지 않고 방치해 둔다면 그 대가는 몸 주인인 내가 다 받게 될 것이다.

아무리 겉으로 화장으로 감춘다 해도 화장(化粧)은 한자 말대로 겉만 꾸미는 것뿐이다.

몸속을 무관심하게 방치하고 과식, 폭식으로 혹사시키며 함부로 다루는 사람치고 건강한 사람은 없다. 건강을 잃으면 운도 떠난다.

늘 배가 차고 가스도 잘 차고 일주일씩 변을 못 보기도 했다.

소화가 잘 되지 않아 자주 체하기도 했다. 양치를 해도 입냄새가 났다.

소화되지 않은 음식 독들이 내 속을 썩게 하고 있다는 생각은 못했다.

늘 일상적인 일이었기에 병이라 생각지 않고 조금 불편한 정도의 일쯤으로 생각하며 그냥 그런가 보다 하고 살았다.

아토피와 알레르기로 마음고생을 하게 되면서 처음으로 몸 청소, 해독이란 걸 하게 되었다.

딱 3일 동안 일반식사 대신 대체식으로 하는 거였는데
3일차 저녁이 되니 신기한 일이 있어났다.
아토피 있던 자리가 꼬들꼬들해지면서 작아지기 시작했고
4일차 아침이 되니 거짓말처럼 없어져 버리는 거였다.

음식이 제대로 소화되지 못한 소화 독소 찌꺼기들을 3일간의 소화기관 휴식을 통해 백혈구들이 청소 활동을 하기 시작했던 것이다.

당에 적당히 굶주릴 때 백혈구가 움직이고 포식 활동을 한다고 한다.

체세포도 적당히 굶주릴 때 리소좀이 활동해서 세포 내부 청소를 한다고 한다.

살면서 한 번도 3일 동안 속을 비우며 청소해 본 적이 없었다.

간식을 100일 끊으면 10가지 병이 물러간다고 들었다.

간식을 끊었는데 병이 물러간다는걸 보면 간식이 면역 저하의 주범 중 하나라는 게 분명하다고 생각한다.

공복을 즐겨라.

내가 공복감을 느낄 때 백혈구도 공복감을 느낀다.

식사를 통해 혈당이 증가하면 백혈구는 연못의 잉어 떼에게 먹이를 던져준다. 그러면 몰려드는 잉어 떼처럼 혈액 속으로 몰려 들어 당을 먹어 치운다.

간식을 먹지 말아야 되는 이유다.

공복감을 느낄 때 백혈구는 활동한다.

공복감은 통증이다. 통증은 백혈구에게 명령하는 행동지령이다.

세포의 자살프로그램(아포토시스)은 단식 때 활발해진다.

재건축을 위함이다.

줄기세표를 자극해서 깨우기 위함이다.

오토파지현상(Autophagy)이라는 세포내 정화(淨化)작용도 마찬가지다.

병든 세포, 오염된 세포, 무기력한 세포들을 청소해야 되는데 우리 몸이 에너지와 시간적 여유가 없었던 것이다.

소화와 배설에만 신경 쓰고 자기를 돌 볼 여유가 없었던 것이다.

공복의 통증을 즐겨라.

배에서 꼬르륵 소리 한 번 날 때 청소를 하기 시작한 것이고, 배에서 꼬르륵 소리 두 번 날 때 피가 깨끗해지고, 배에서 꼬르륵 소리가 세 번 날 때 반생반사세포, 용종, 암세포까지 뜯어 먹는다.

단식의 효과인 것이다.

동물들은 아프면 어떻게 할까.

병원도, 약도 없는 동물의 처방약은 먹지 않고 굶는 거다.

심지어 물도 먹지 않는다.

배를 웅크린 채 며칠을 가만히 있다가 회복되면 어슬렁어슬렁 다시 나온다. 자연스럽게 단식으로 회복하는 거다.

그래서 단식을 칼을 대지 않는 수술이라고도 한다.

위장의 소화력이 약해 국물이 있어야 식사를 했고 국물 음식을 좋아했다.

소화력이 약할수록 국물 없이 건지들만 먹는 게 좋다 해서 그렇게 실천했더니 속이 편안해 짐을 경험하고 지금까지 꾸준히 해오고 있다.

3일 단식을 하기 전 아침 식사를 하지 않고 1일2식부터 시작해 보았다.

저녁식사 후 다음 날 점심때까지 밥을 먹지 않아 보았더니 아침이 편하고 피곤함도 덜 하고 점심식사 소화도 잘되는 듯 했다.

아침밥은 꼭 챙겨 먹어야 한다는 틀에서 벗어나 조식을 폐지하여 16~18시간 간헐적 단식을 꾸준히 시행하면서 3일 단식을 해주었다.

우리 몸은 항상성이 무너졌을 때 자연치유 프로그램이 작동된다.

완전한 치유프로그램인 것이다. 그 3대 증상이 열, 통증, 염증이다.

이 증상으로 스스로 치유한다.

우리 몸은 깨끗해지고 싶어 하고 우리 몸은 낫고 싶어 한다.

이것을 증상즉요법이라 한다.

증상이 곧 치료 작용이라는 뜻이다.

증상이 나타났을 때 약을 쓰는 것은 증상을 억제하기 위함이다.

그래서 해열제, 진통제, 소염제인 것이다.

현대의학은 증상즉질병이라는 개념으로 보는 의학이다.

그래서 약은 최소한의 응급처치용으로 자제하는 것이 좋다.

내과적인 이상 증상이 있을 때 2~3일 단식은 회복의 훌륭한 방법이기도 하다.

내 몸을 청소하는 단식은 우리 집 최고 상비약이고 가장 빠른 치유법이다.

20년 넘게 자연의 이치를 적용한 식사법과 올바른 단식법에 의해 기적이 일어나는 것을 수 없이 봐 왔다.

정기적으로 집안 대청소하듯 1일 단식, 3일 단식으로 내 몸속 청소를 해주는 게 건강을 위해서 좋다.

'속을 비워 두는 것이 바로 병을 고치는 방법이다.'

— 히포크라테스

내 맘 속 청소는 어떻게 하지?

.

.

혹시 유서를 써본 적이 있는가?

메멘토모리

죽는다는 것을 생각하라.

삶을 더욱 사랑하게 된다.

연초가 되면 회사에서 연중행사로 동료들과 함께 체험하는 프로그램이 있다. 임종 체험을 통한 유서쓰기이다.

유서쓰기가 유행이었던 적이 있었다.

자기 계발 프로그램에서도 유서쓰기나 묘비명 쓰기가 유행이었다. 유명인사들 유서도 공개가 되기도 했다. 큰 부를 이룬 사람이 죽음 앞에서 쓴 기록인 故이병철 회장님의 유서 내용을 보고 많은 생각을 하게 했다.

37세부터 교도소 교화위원으로 활동하며 사형수를 상담해 온 양순자님이 쓴 〈인생9단〉이란 책에 40년 동안 매년 12월 31일마다 바꿔 유서를 쓴다는 글을 보고 임종체험 프로그램과 유서쓰기에 더욱 관심을 갖게 되었다.

양순자님은 '유서는 마음에 걸려 있는 걸 털어내는 계획표'라고 하신다.

마음에 많이 걸려 있으면 무겁고, 마음이 무거우면 사는 데도 힘들고 죽을 때도 힘이 드니까 털어내는 유서 쓰기를 따라 해 보라고 하신다.

채우려면 비우기부터 먼저 하라고 한 것처럼 새 1년을 잘 채우기 위해 지난 1년을 털어 보기로 하고 해마다 봄이 시작되는 3월이면 임종체험을 통한 유서쓰기로 한 해를 시작한다.

유서를 쓰며 많은 분들이 울었다. 유서를 쓰니 삶이 한 눈에 정리가 되는 듯 했다. 무엇을 위해 살아왔는지 후회되는 건 뭔지.

지금도 가끔 그때 쓴 유서를 꺼내본다.

내 마지막 유서에는 '내 인생 후회 없이 잘 살았다'라고 쓰고 싶다.

처음 임종체험을 했을 때 죽음을 준비하지 않은 채 처음으로 관에 들어갔을 때가 생각난다.

임종체험프로그램 안내대로 쭉 따라가다 보니 살아온 삶이 주마등처럼 지나가며 정리가 되는 것 같았다.

함께 참여한 동료와 1대1 파트너가 되어 서로에게 수의를 입혀주고 실제 관 안에 들어가 누우면 관 뚜껑을 닫아준다.

그리고 나면 진행자들이 관 뚜껑에 못을 박듯 쾅쾅 내리쳤다.

관 안에 나 홀로 누워 삶을 돌아보며 '이게 만약 진짜 마지막이라면…' 하는 생각이 드니 사랑 못할 것이 없었고 용서 못할 것이 없었다.

자연스레 제일 소중한 게 무엇인지를 생각해보게 되었다.

다시 살아난다면 어떻게 살까….

내가 먼저 더 사랑하며

내가 먼저 더 손 내밀며

내가 먼저 더 베풀며

내가 먼저 더 이해하고

소중한 것을 먼저 해야겠다는 생각이 들었다.

우리는 매일 죽어야 발전한다.

매일 죽는다는 것은 오늘 하루의 정리이며 내일의 준비이다.

더 잘 살기 위해서는 반드시 죽어야 한다.

임종체험과 유서쓰기는 삶을 좀 더 실감 있게 지금까지를 정리하고 그를 기반으로 더 큰 성장을 위해서이다. 지난 시간을 정리하고 새 시간을 잘 살기 위해 경험해보면 좋은 프로그램이라 생각한다.

죽어야 산다.
죽는다는 것은 새로운 삶을 위한 것이다.
밀알이 죽어야 밀 이삭이 되고
겨울의 나목은 다음 해의 성장을 위함이다.

잠을 자야 내일을 살 수 있고
일몰은 다음 일출을 위한 것이다.

반성과 회개는 과거를 죽이고 더 나은 미래를 위함인 것이다.
죽는다는 것은 좀 더 가치 있고
좀 더 효율적인 삶을 위한 것이다.
"돈을 잃으면 조금 잃은 것이요,
명예를 잃으면 많이 잃은 것이다.

그러나 건강을 잃으면 전부를 잃은 것이다."

너무도 잘 알고 있다고 생각한 말이다. 급한 일에 또는 게으름으로 뒤로 미뤄지고 있지 않은지, 어제 내게 주어졌던 24시간 중에 인생 0순위인 건강을 위해 얼마의 시간을 할애했는지 보고 식습관은 어떠했는지를 되짚어 본다. 더 나은 삶을 위해.

소중한 것 먼저 챙기고 유익함을 전하며 널리 사람들을 이롭게 하는 일 하며 한 번 태어난 인생 멋지게 살아야겠다.

chapter 5

행복한 가족 대화법 1

자녀와 관계가 좋아지는 5단계 화법 편

– 문 송 란

"자녀에게 최고의 훈육법은, 혼내는 것이 아닌 이유와 원인을 쉽게 설명해 주는 것이다."

- Song

문송란

'행복을 그리는 서양화가'
- 행복한가족대화법을 연구한 작가
- 행복한 30여년 화가, 해외와 우리나라 활동
- 캐나다(OSA) 멤버, 프랑스(WCA) 멤버, 한국미협 멤버
- 대한민국미술협회 초대작가
- 행복한 창조자 문화예술연구소 CEO
- 살아있는 미술관 CEO
- 국제순수미술협회 북미 회장

경력
- 서양화전공, 서양 미술사
- 아트&디자인, 회화학과, 문화경영학
- 개인전 38회, 단체전 330여회
- 특별한 해외 전시 개인전 8회
- 20년동안 자녀 해외 유학 경험
- 두 자녀교육을 열정으로 성공
- 자녀교육 유학파의 선구자
- 자녀교육과 행복한 가족 대화법연구
- N잡러의 행복한 창조자

수상및역임
- 아시아CEO 창의 스타상(오슬로)
- 캐나다 아트엑스포 TOP of five
- 토론토미술대전 대상 수상
- 대한민국미술대전 국무총리상 수상
- 캐나다 O.S.A 심사위원
- 대한민국미술협회 심사위원

블로그 Joyfulcreator 행복한 창조자
유튜브 @happybookdate 책데이트 하는날
이메일 msrois2019@naver.com

부모는 자녀의 거울이며, 최고의 스승이다

"자녀 교육의 많은 요소에서

최종적으로 정의하자면 '사랑'이다."

− song

좋은 부모와 나쁜 부모의 차이점은 무엇일까?

자녀가 태어나서 처음으로 만나는 부모는 이 세상의 전부다.

준비된 부모, 준비되지 못한 부모로 나누어지는 순간이다.

귀한 자녀를 맞이할 준비를 하고, 다짐을 하며 부모의 역할을 잘 할 수 있다고 자심감에 가득 차 있다. 이것이 모든 부모 마음이다.

그렇지만, 여기에서 가장 중요한 것은, 부모 자신이 자녀를 대하는 인간적인 감정 처리가 문제가 되는 것이다.

자신과 대화를 신중히 나누어 보라.

자신을 정확히 알아야 자녀에게 좋은 부모가 되기 때문이다.

이 책을 통하여 가장 소중하고 중요한 단서를 전하고 싶다.

부모가 되기 전에 먼저 나를 찾기

1. 먼저 자신과의 많은 대화를 한다.

2. 정말 나 자신을 명확하게 찾아낸다.

3. 자녀를 키울 자격을 스스로에게 부여한다.

행복한 가족 대화법과 자녀와 관계가 좋아지는 화법으로 가장 좋은 방법은, 부모가 자녀에게 한결같은 감정처리를 잘 해야 한다. 좋은 감정, 나쁜 감정 상황을 미리 예측을 해 보는 것도 중요한 단서이다.

나는 잘 준비된 부모일까? 준비가 되지 않은 부모일까?

이 책 안에서 점검을 해보는 것도 좋은 방법이라고 생각한다.

자녀가 좋은 어른으로 성장한 곳에는 좋은 부모 역할이 있다.

좋은 부모가 되려면 부모도 다양한 공부와 노력은 필수다.

부모가 질 좋은 그릇이면, 자녀의 그릇은 더 빛이 나기 때문이다.

전달방식 1

좋은 부모는, 자녀에 대하여 많이 알아야 하고, 관찰력이 필요하다. 자녀가 가야 할 길을 알려주는 좋은 계획을 잘 세워야 한다.

사랑과 바른 인성을 위해 매일 먹는 밥상머리 교육 즉, 매일 함께 하는 자녀에게 식탁 교육은 매우 중요한 가정교육이다.

전달방식 2

부모는 자녀에게 삶의 롤 모델이 되어야 한다.

언행일치의 사자성어에서 보듯이 몸소 언어와 행동을 통하여 많은 부분들에 대해 실제 정말 좋은 삶의 모델이 되어 주어야 한다. 어릴 적 몸에 밴 습관은 자녀의 삶에 평생이 좌우하기 때문이다.

전달방식3

부모는 자녀를 키우는 가치 기준을 세부적으로 미리 예측하여 정해야 한다!

부모인 나의 가치관이 무엇인지?

나의 자녀가 어떤 모습으로 자라야 하는지? 명확한 계획을 세운다.

부모란? 자라는 자녀에게 가장 중요한 존재이기 때문이다.

부모와 자녀에게 인생 기본 뼈대를 단단하게 해주는 기초 공사의 토대가 되기 때문이다.

전달방식 4

자녀에게 균형 있는 삶에 무엇이 옳은지?

부모인 내 자신이 생각하고 살아가야 하는 '가치관'이 어떤 것인지 자세히 계획하여 세우는 습관을 터득하게 도와준다.

부모 자신도 당연히 삶의 가치관이 흔들리지 않는 일관된 모습을 보여준다.

자녀에게 우리 삶은 '쓸모 있고 중요한 일에 가치를 두는 삶'을 위한 목표를 세워 노력하고 행복한 삶을 추구하도록 부모의 꾸준한 역할로 도움을 준다.

준비단계

누가 누구에게 무엇을 어떻게 전달할 것인가?

부모가 자녀에게 "쓸모 있는 가치"에 집중하도록 사랑의 마음을 성실하게 전달한다.

자녀에게 내가 하고 싶은 말을 전하는 부모보다도, 자녀가 듣고 싶은 말을 전하는 부모로 사랑을 전달하여야 한다.

전달하고 싶은 내용을 핵심을 잘 요약하여 사랑을 담아 전달하여야 한다. 자녀의 반응과 행동을 잘 파악하여 부모가 자녀를 자세히 알고 하는 교육이 자녀에게 잘 소통이 되는 시대이다. 정확하게 자녀의 마음속 심리를 잘 이끌어 내는 부모가 최고의 부모다.

자녀와 관계가 좋아지는 화법 1단계

한결같은 마음의 가치(성실성)

·

·

자녀 교육 성공의 키는 기다림이다.

행운이나 명성은 일순간에 생기고 일순간에 사라진다.

부모 앞에 놓인 귀한 자녀를 성실하게 성공시켜라.

− Song

부모와 자녀는 같은 공간에서 다른 인격이 만나서 부모와 자녀라는 관계를 형성하며 살아간다.

자녀와 함께 하는 좋은 화법은,

부모의 사랑이 담긴 성실한 질문과 관심이다.

예를 들어, 자녀가 학교에서 일어난 일들을 집에 돌아와 부모님께 설명을 하고 있을 때를 상상해 보자.

그런데, 바쁜 부모는 건성으로 대답을 하는 둥 마는 둥 성의 없는 태도를 취해 자녀의 마음을 상하게 한다면 자녀와의 원활한 대화의 화법에서 어긋나는 행동이다.

자녀와 관계는 오랜 시간이 소요되는 과정에서 지켜야 할 부모 자세다.

아주 좋은 연결 고리의 소통의 기회를 놓치는 어리석음은 절대 금물이다.

만약, 그때 부모가 바빠서 집중을 하지 못했을 때는 부모가 좋은 때를 찾아 자녀와 소통을 다시 하자는 현명한 약속을 하여 자녀의 마음에 조금이라도 상처가 되지 않도록 세심하게 보살펴야 한다. 자녀와의 약속은 분명하게 잘 지켜야 하는 절대적인 의무감으로 실천한다.

자녀가 바라보는 부모의 모습에서 성실한 약속이행의 책임을 다하는 모습이야말로, '자녀와 관계가 좋아지는 화법'에서 지켜야 할 중요한 성실한 가치이다.

부모의 변함 없이 약속을 지키는 체험 경험은 자녀의 마음 깊숙한 곳에 부모님에 대한 존중의 마음과 신뢰의 씨앗이 자라기 시작하여 자녀와 최고의 관계를 형성하기 때문이다.

부모가 지킬 수 없는 약속을 할 수 없을 때는 차라리 자녀에게 이유를 솔직하게 표현하고 자녀가 상처를 받지 않도록 이해를 시키는 것이 최고의 방법이다.

자녀가 바라보는 부모란 단어에는 이 세상의 모든 것을 다 할줄 아는 마술사 또는 만물 해결박사라고 생각하기 때문이다.

나의 어렸을 적 기억력이 생생하게 떠오른다.

자상하신 친정 부모님은 하늘의 별도 따주시는 분들로 알고 있었으니 말이다. 지금도 나의 부모님에 대한 기억은 그렇다.

이토록 어른이 되어서도 생각나는 부모에 대한 신뢰도 점수는 최고의 마음이다.

부모님에 대한 신뢰도에 여전히 의지하며 살아가는 내 모습을 발견한다. 그만큼 자녀들에게 부모의 자리는 얼마나 중요한지를 인지하게 된다.

행복한 가족 대화법 중 자녀와 관계가 좋아지는 화법1단계로 신뢰도의 가치를 어릴 때부터 쌓아 가야 한다는 나의 실전 경험에서 내린 결론이다.

자녀와 부모 사이에는 존중과 무한한 신뢰가 쌓여야 한다.

오랜 시간 동안 변함 없이 꾸준하고 성실하게 쌓인 가치형성이다. 자녀를 인격체로 존중하는 부모의 사랑과 노력이 자녀와 행복한 소통이 된다.

우리 삶에 있어서 인간의 특권인 여러가지 감정은, 가정에서 모든 자녀에게 영향을 주기 때문이다.

수천 년이 지나도 우리 인간 사회가 요구되는 자녀에 대한 기대는 부모에게 지켜야 할 도리, 예의, 효의 덕목이다.

자녀에게 좋은 습관을 가정에서 잘 단련되도록 부모 교육은 행복한 가족 대화법에 꼭 필요한 기본 원리다.

자녀의 감정 노출관리

자녀의 감정 노출에 대하여 꾸준한 부모의 관심과 사랑의 관리가 필요하다. 쉽게 싫증을 내지 않도록 충분한 인내의 중요성에 대한 설명과 이해를 도와야 한다.

예를 들어, 자녀의 마음이 상하여 자녀가 화를 내거나 짜증을 부릴 때, 또는, 다 큰 자녀가 불만을 털어놓으며 흥분할 때, 부모의 말 긍정교육의 한마디는 아이의 모든 성격 영역에 영향을 준다.

실제 2020년 통계청 자료에 의하면 청소년의 의견을 대변하는 모임은 긍정적으로 학교에 도움을 준다고 말했다. 아직 미숙한 청소년에게는 부모의 역할이 중요하다는 반증이다. 더불어 가정에서의 자녀교육의 중요성이 강조되고 있다는 통계자료이기도 하다.

처음부터 끝까지 마무리하는 성실성의 가치는 자녀가 자존감을 지킬 수 있도록 하는 큰 힘으로 작용한다. 집중력과 인내심을 길러주는 것은 곧 책임감이며 스스로 바른말을 하며 책임감도 함께 한다는 의미다.

유명한 투자자 워런 버핏의 경우 경영 원칙 중에 성실한 가치를 중요시하며 그에 따라 직원을 뽑는다.

많은 사람을 경영해 본 경험의 노하우로 얻은 이론이다.

가정에서도 정확한 가치를 정해 놓고 자녀를 양육한다.

더 많은 좋은 생각들이 가치관으로 떠오를 것이다.

가치 중에서 가장 중요한 것은 변함없이 정직한 사람이다.

부모의 깊은 사랑을 먹고 자란 자녀가 좋은 성인이 된다.

어릴 적 좋은 습관과 잘 배운 가치는 삶의 방향을 바르게 인도한다. 부모 교육 중 최고는 책임감과 성실함이다.

이처럼, 행복한 가족 대화법의 하나로 "자녀와 관계가 좋아지는 화법" 제 1단계로 "한결같은 마음의 가치"에서의 주요 포인트는, 부모의 역할이 중요하다는 것이다. 부모의 감정과 자녀의 감정 간 아름다운 조화를 위해 부모는 체계적인 계획과 변함없는 사랑 더불어 성실함과 긍정적인 감정의 가치를 키워 주어야 한다.

최고의 훈육법은 혼내는 것이 아닌 이유와 원인을 쉽게 설명해 주는 것이다. 반복 교육도 바르게 훈육하는 법이다. 자녀의 잘못된 행동을 바로잡아 주는 것도 최고의 훈육이다.

자녀와 관계가 좋아지는 화법 2단계
이로운 사람의 가치(기여)

.

.

사랑의 치료법은 더욱 사랑하는 것밖에는 없다.

−H.D.도로우 "일기"

이로운 사람의 가치를 통하여 "자녀와 관계가 좋아지는 화법", 2단계는 "사랑"의 중요성을 강조하는 자녀교육을 해야 하는 대화법이다.

공자의 논어 속에는 인간관계 명언속에
현명한 처세술은 삶의 좋은 길잡이가 되며,
인생의 방향과 삶의 본질에 처세술, 지혜, 인간관계 등
훌륭한 사상으로 많은 사람들에게 이로운 사람의 가치를 남겨두어 인격 있는 리더로 성공에 대한 가르침을 배우게 한다.

상대를 존중하고 본 받아라.

현명한 사람이라면 마치 바다가 강물을 받아들이는 것처럼

넓은 도량과 개방적인 마음으로

다른 이의 좋은 점과 높은 지혜를 배우고자 한다.

좋은 사람이든

좋지 않은 사람이든

모두 당신에게 도움이 될 수 있다.

다른 사람을 존중하고 타인의 장점을 인정하여야 상대도 나를 인정한다.

이로운 사람의 가치를 되려면 의로움을 따르면 된다.

군자는 의리에 밝고, 소인은 이익에 밝다고 공자가 말했다.

똑똑한 사람과 정의로운 사람이 군자를 친구로 가까이에 두는 것은, 이익을 쫓지 않고 배신을 하지 않기 때문이다.

자녀에게 좋은 경험은 어릴 적부터 신앙 생활이다.

우리가 살아가면서 이로운 사람이 되어야 하는 가치는 사랑의 가치를 알아야 하는 것과 같은 이치다.

사랑은 주는 것이지 받는 것이 아니다. 자녀에게 봉사하는 마음을 경험하게 해 주는 것은 사람에게 이로운 가치인 것이다.

종교의 힘은, 생각보다 대단히 큰 은혜를 받는다.

세상에 사람들을 위한 이로운 사람이 되는 가치가 봉사를 통하여 많은 것을 배우고 이로운 사람으로 키우는 것이다.

무신론자와 유신론자이던 상관없이 이로운 사람의 가치는 자녀와 관계가 좋아지는 화법으로 충분하다.

세상을 돌아보는 봉사 활동을 말한다.

내가 가지고 있는 능력을 기여하기

만약 내가 만화가라고 했을 때 좋은 스토리를 만들고 사람들에게 좋은 영화를 만들어서 도움을 주는 것도 기여다.

많은 일들은 좋은 일로 연결되고, 더 큰 사람으로 성장하여 성공과 이어지게 된다. 내가 잘하는 재능으로 사회에 공헌하는 것이 바로 기여다.

나는 화가다. 해외에서 있을 때 공공 기간과 좋은 프로젝트를 했다.

작가들과 나라에서 하는 좋은 프로젝트다.

어린이 병동에 좋아하는 그림을 그려 천정에 걸어 주었다.

이 얼마나 행복하겠는가,

어린이 환자들이 좋아하는 캐릭터를 그려 아이들을 행복하게 했다. 사회에서 환영받는 일을 하는 것을 기여의 가치로 보면 된다.

사회의 구성원이 되어 함께 도움이 되는 역할을 하게 한다.

아이가 많은 경험을 하는 것만으로도 충분히 잘 성장한다.

스스로 깨닫게 하고, 책임감을 갖도록 한다.

자녀와 관계가 좋아지는 화법 3단계

진정성이 있는 사람의 가치(신뢰성)

.

.

부모는 조바심 내지 말고 기다려준다.

자녀가 원하는 곳에 다다를 때까지.

진정성의 대표로 조선시대 자녀 교육을 들 수 있다.

서원은 조선시대 교육기관이다. 현재 서원에는 나라의 보물들이 보관되어 있다. 삼국의 천년역사를 관통하는 옥산서원본 "삼국사기"와 문화 예술의 책 "해동명적"이 있다.

이 두 책을 한번 보고 싶어서 최고의 예의를 갖추어 서편을 보내는 선비의 모습에서 어릴 적 받은 자녀 교육의 참모습을 볼 수가 있다.

과연 대단한 선조들이 갖추고 있는 진정성이다.

또 빌린 책을 제때 돌려 드리지 못해 애를 써서 여러 방법을

연구하여 정중하고 안전하게 제자리로 책을 돌려 주는 선비들의
진정성도 가히 본 받을 만하다.

> 진정성이란 행동과 말이 옳으며 진심이 담겨 있다.
> 우리는 살면서 많은 단계를 거치면서 자란다.
> 많은 사람들을 만나며 살아간다.
> 진정성이란 정직함과 같다.
> 세상을 바르게 보는 눈과 나를 바로 보는 눈이면 족하다.
> 지혜로우며 똑똑한 가치관을 가진 자녀는 모든 부모의 로망
이다.

부모가 사랑으로 잘 키운 자녀는, 소중한 영양제의 역할을
한다. 성공할 때까지 인내심으로 참고 기다려 주는 것이다. 두 아
이를 키우면서 많은 시간을 믿음 속에서 기다려 주었다.

아이를 키우는 부모들에게 기다림의 인내는 필수 요소이
다. 농부가 일 년 내내 정성으로 농작물을 키우는 것과 같은 마음
이다. 우리 자녀를 키우는 것은 '100년의 농사'라고 하는 속담도
있지 않은가.

자녀와 관계가 좋아지는 화법 4단계

도움이 되는 사람의 가치(배려)

．

．

"나만의 육아법으로 올바르게 자녀를 키우면

중요한 본질을 잃지 않고 자녀를 바르게 키운다."

마음 먹는 대로 된다.

생각하는 대로 간다.

배려는 마음 안에 착한 마음을 갖게 한다.

나만 아는 이기적인 마음은 나를 망치기 때문이다.

사람의 가치는 곧 배려의 마음이다. 우리는 각각의 개체이지만 세상을 함께 살아가는 구성원이다. 늘 타인도 함께 살아가는 것을 염두에 두어야 한다. 어릴 적부터 남을 배려하는 마음을 알게 한다.

우리는 타인과 관계를 소중하게 관리하며 살아가야만 한다. 자녀들이 타인을 배려하고 도움을 주는 사람이 되길 바란다. 삶의 기본 이론에서 실행을 해야 하는 가치관을 심어 준다.

집안에서 함께 자란 형제들에게 서로서로 배려하게 한다.
형과 아우의 사이에도 배려하는 마음은 정말 중요하다.
배려하는 마음의 가치는 삶의 모든 부분에서 필요하다.

형제나 자매를 키우는 가정에서 해야 할 일이 있다.
서로에게 도움을 주는 형제라는 인식을 심어줘야 한다.

이로운 형제로 서로에게 도움을 주게 키운다.
사랑은 주는 것이라고 인식하게 한다.
사랑은 받는 것이 아니다.
사랑은 가정 교육에서 이루어진다.
현대 사회는 부모들의 훈육 방식이 많이 발전되어 왔다.
옳은 가치를 훈육 목표로 삼기 때문이다.
어진 사람을 보면 그와 닮고 싶어진다.

인생은,

목표를 이루는 과정이 아니라,

그 자체가 소중한 여행일지이니

서투른 자녀 교육보다 과정 자체를

소중하게 생각할 수 있는 훈육을

시키는 것이 더욱 중요하다.

– 키르케고르

꾸준한 가치 훈육은 최고의 이자로 받는다. 좋은 가치를 지속적으로 체득한 자녀는 기본이 탄탄하다. 옳은 가치관이 잘 형성된 자녀는 미래가 희망적일 수 밖에 없다.

가치를 분명히 아는 자녀는, 도움이 되는 사람으로 빛이 된다. 사회 생활에서 좋은 가치를 갖는다는 것은 정말 중요하다. 잘 자란 자녀의 평생을 빛나게 하는 버팀목이 된다. 감사하는 자녀로 키운다. 사랑이 넘치는 아이로 키운다.

자녀와 관계가 좋아지는 화법 5단계

책임감이 있는 사람의 가치(믿음)

형제들에게 공동의 일을 한 가지씩 준다. 겸손하게 받아들이면서 상대에게 배려하는 마음은 곧 자신을 성숙하게 만드는 일이다. 내가 책임을 저야 할 일은 반드시 책임을 지는 신용을 지키도록 자녀에게 분명하게 알려주며, 자신이 해야 할 일은 스스로 해결을 하도록 해준다. 어릴 적 배운 가치와 긍정적인 마음 자세는 성인이 된 자녀에게는 큰 선물이 된다. 어떤 어려움이 와도 절망하지 않으며 회복의 탄력성도 생긴다. 태어나서부터 죽기까지 나에게 오는 삶의 책임감이다. 책임감은 자연인으로서 삶의 책임을 뜻한다.

"나에게 오는 일은 모두 나를 위함이다."

－롭 무어

책임감이 강한 자녀로 키워낸다.

학교 다닐 때 학비를 스스로 해결하도록 하는 것도 자녀를 단단하게 하는 방법이다. 서양에서는 고등학교 때부터 많은 알바를 하는 것을 당연하게 생각한다. 독립을 준비시키는 것이다.

지금은 그 방법이 참 좋다는 생각이 든다.

많은 알바를 하면서 많은 것을 경험하게 되고, 사회성도 길러지며 간접적으로 사회생활을 하게 되는 득이 생긴다.

좋은 가정 교육은 평생 자녀에게 삶의 지표가 된다.

자녀 스스로가 흔들리지 않고 자녀 스스로 배의 노를 저으면서 나아가게 된다.

한결같은 사람의 가치(성실성: Sincerity)

이로운 사람의 가치(기여: Contribute)

진정성이 있는 사람의 가치(신뢰성: Reliability)

도움이 되는 사람의 가치(배려: Consideration)

책임감이 있는 사람의 가치(믿음: Belive, Trust)

아이의 감정을 다룰 때 부모의 화를 참아 주는 것도 훈육이다.

아이의 감정을 읽어 주는 것도 사랑의 훈육이다.

아이의 화난 상태를 알아 주는 것도 좋은 훈육이다.

부모가 아이의 화를 조건 없이 수용하는 것도 좋은 훈육이다.

부모 자신의 가치도 잘 보여 주어야 한다.

부모의 책임감도 하나의 중요한 포인트다.

세상의 어떠한 스승보다 가정 안의 부모가 최고의 스승이다. 세상에 있는 어떤 스승보다도 영향력이 큰 것이 바로 부모다.

인간은 완벽하지 않다.

부모의 위치에서도 완벽이란 없지만, 부모의 경험은 곧 책임감이다. 부모도 최선으로 노력하여, 아이와 함께 성장해야 한다. 마음 교육은 자녀의 가치를 승화시키고 꼭 필요한 덕목이다. 자라는 자녀에게 성장 단계에 맞춰서 늘 항상 훈육을 한다.

자녀는 사랑이다.

자녀는 부모가 사랑으로 보호를 해야 한다.

자녀에게 긍정적인 마음가짐을 지니도록 한다.

부모가 꼭 필수적인 교육으로 가르침을 해주어야 한다.

이 세상은 어떠한 상황도 좋은 것과 나쁜 것이 공존한다.

긍정적인 마음 자세는 자녀들이 세상을 살아갈 때 큰 버팀목이 된다. 특히, 기여의 가치와 책임감은 자녀의 내적 동기에 큰 원동력이 된다. 한번 기여를 경험하는 자녀는 한 차원 더 높은 내적 동기를 만들게 되는 것이다.

기여의 가치는 책임감이 있는 사람으로서의 가치다.
곧 그 사람을 믿는 신용과 책임감으로써의 의미도 크다.
자녀를 낳기만 했다고 해서 모두 다 부모가 아니다.

행복한 가족 대화법으로,
자녀와 관계가 좋아지는 화법 5가지의 기본을 토대로 부모가 자녀교육을 한다면 자녀들과 행복한 삶으로 살아갈 것이다.
그러므로, 최고의 자녀 훈육법은, 혼내는 것이 아니라 자녀의 눈높이에서 이해를 시키는 것이라는 것도 매우 중요하다.

오늘부터,

자녀를 꼬~옥 안아주면서

'사랑'한다는

말 한마디부터

시작하세요!

- song

chapter 6

당신이 걸어온 그 어떤
걸음도 헛된 걸음은 없다!

〈친절한 김현 스피치〉를 찾은 사람들,
그들이 알려준 보석 같은 비밀들!

– 김 현 희

김현희

現)진주김현스피치 아카데미 대표
스피치교육 CS 친절 교육, 성희롱예방교육, 개인정보보호지도사,
4대법정의무교육

방과후지도사, 아동청소년지도사, 독서지도사, 독서심리지도사, 문학치료상담사, 디베이트 전문가, 입시컨설턴트 등의 자격을 갖추고 있기에 학생들을 지도할 때 전문가적인 역량을 보여주고 있다. 스피치대회에서 우수한 학생을 많이 배출해서 지도자상을 수상하며, 수도권과 비교해 상대적으로 열악한 지방에서 스피치 전문가로 활약 중이다.

도려내고 싶었던 과거가 지금의 N잡러 디딤돌이 되었음을 소개하며 아무쪼록 제 글이 힘들고 지친 분들에게 다시 나아갈 큰 힘이 되기를 희망합니다.

이건 꼭 해야겠다! 라고 생각하면
그건 꼭 하게 된다

'1인 1책' 시대다.

꼭 작가가 아니어도 다양한 책들이 신박한 제목으로 출판되고 있다.

가정주부가 살림살이 하나만 잘해도 책을 쓸 수 있는 세상이다. 잘하든 못하든 10년만 꾸준히 하면 '전문가'가 된다. 물론 전문가가 되기 위해서는 단순한 시간의 양적 축적만으로는 불가능하다. 장기적인 노력과 연습, 굳이 시간으로 따지자면 1만 시간 이상의 경험이 필요하다. 자의든 타의든 시간을 들여 정성을 쏟은 것은 각자에게 경험과 깨달음을 선물한다.

스피치 코칭을 해온 지 어느덧 10년째다. 그동안 만난 수강생 숫자도 엄청나다. 참 다양한 수강생을 만났고 다양한 고민을 해결해주면서 함께 성장하고 발전했다. 수강생의 고민과 해결책을 기록해 두면 많은 분에게 도움 줄 수 있기에 책을 써야 한다고 생각했다. 그래서 5년 전부터 버킷리스트에 '책을 써야겠다'라는 꿈이 적혀 있다. 항상 하고 싶은 게 생기면 주변 사람들에게 선포부터 한다. "나, 조만간 책 쓸 거야" 그럼 상대방도 익숙하다는 듯이 "응, 그래! 네가 한다고 했으니 하겠지!"라고 받아준다. 이게 바로 '말의 효과'다. 하고 싶고 반드시 해야겠다고 생각한 것들이 있다면 일단, 적어라! 그리고 주변 지인들에게 그 계획을 선포하라! 적는 순간 자신에게조차 '말도 안 돼!'라고 부정할 수 있고, 지인도 "그러니깐, 그게 가능하냐고?"라며 반문할 수도 있다. 하지만 뱉는 순간, 꿈은 당신 곁에 가까이 와 있을 것이다.

자기 계발 추천 서적에서 꾸준히 찾아볼 수 있는 론다 번(Rhonda Byrne)의 '시크릿'에서는 세상에서 일어나는 모든 일이 우리의 생각이 만들어내고 있다고 말한다. 그래서 무엇을 원하는지 정확하게 찾아내고, 그것을 이루기 위해 집중해야 한다는 것이다. 긍정적 생각은 긍정적 결과를 만들어낸다. 특히 이미지화를 통해 실현된 일처럼 시각화하고 느낀다면 얼마든지 현실로 만들 수 있다. 그리고 감사의 마음을 가질 때 성공과 행복이 따라온다.

무슨 이야기를 써 볼까?

어떤 이야기가 가장 마음에 닿고 실질적 도움이 될지 유용성을 고민하게 된다.

스피치 기술 관련 서적은 이미 많다. 하지만 대부분 관련 전공과 방송인 경력을 가진 분들의 이야기가 많다. 그래서 '내가 스피치강사로 성장한 스토리를 써 본다면 용기와 힘이 될 수 있지 않을까?' 하고 생각했다. 어쩌다 스피치를 하게 됐는지, 좌충우돌 20대 경험을 소개하고 현장에서 알게 된 보석 같은 비밀을 정리해 보고자 한다. 이 책을 읽는 독자에게 꿈을 꾸고 실현하는 데 힘이 되고 싶다.

현재 운영하는 〈김현스피치 아카데미〉의 프로그램은 7세부터 77세까지의 연령대를 대상으로 교육한다.

77세는 실제로 학원을 찾은 최고령 수강생의 나이이다. 한 시간 거리였지만 직접 운전해서 오신 그분의 노력, 열정이 지금까지도 잊히지 않는다. 나이 상관없이 자기 계발하는 그 멋진 모습이 인상적이었고, 실제로 스피치는 태어나서 죽을 때까지 필수적인 역량이라는 사실을 각인한 계기다.

성인 직장인분들의 고민, 입시와 취업에서 당락을 좌우하는 면접전략, 초중고 학생들을 대상으로 알려주는 시사와 디베이트 기술 등 다양한 기술을 토대로 현장에서 만난 보석 같은 수강생들의 성장 후기를 공유해보겠다.

스피치와 성공의 관계: 말을 잘하면 성공한다?
100% 진실이야!

어쩌다 스피치

일반인도 훈련하면
충분히 스피치를 잘할 수 있다!

.

.

　"선생님은 어떻게 스피치를 가르치게 되셨어요?" 매번 물어볼 것 같은 질문이지만 간혹 물어보신다. 스피치를 가르치는 사람은 당연히 처음부터 이런 재능을 발견하고 관련 직업을 가졌을 거라고 지레짐작해서 굳이 물어보지 않는 것 같다. 결론부터 말하자면 나는 서울 사람도 아니고 아나운서 출신도 아니다. 그런데 어떻게 스피치를 할 생각을 했냐고? 나도 그때는 스피치라는 것을 직업으로 삼게 될 거라고 상상하지 못했지만, 결국 내가 선택한 경험들은 스피치와 많은 연관이 있었다. 스피치는 연습으로 충분히 향상할 수 있는 영역이라는 믿음을 산증인이 되어 전할 수 있어 영광이다. 지금부터는 스피치를 잘하게 된 여러 경험을 '어쩌다 스피치'라는 주제로 담아보겠다.

항상 당당하게 키워주신 부모님

남들과 다를 수 있고, 달라도 된다

.

.

엄마가 그랬다. "딱 너 같은 자식 낳아서 똑같이 키워봐야 내 마음을 알지." 자식을 키우는 부모라면 거의 다 이런 말을 한다고 생각하겠지만 진심으로 나는 사고뭉치였다. 갓난쟁이였던 3살에 손바닥 화상을 입어 큰 성형수술을 해서 부모의 마음을 덜컥 내려앉게 한 것이 시작이다. 공무원이었던 아버지를 따라 직장이 발령 나는 곳으로 이사 다니며 성장했다. 경남 거제, 장승포, 진주로 이사를 했으니 경상남도 말투가 99.9% 몸에 밴 사람이다. 3살때, 당시는 연탄불을 사용하던 때였다. 새 연탄을 교체하면서 연탄 뚜껑을 바닥에 잠깐 내려놓은 사이, 양 손바닥을 그 뜨거운 뚜껑 위에 올려놓는 바람에… 뒤의 내용은 생략하겠다. 어찌 됐겠는가? 시골이라 의료시설이 엄청 열악할 것이 뻔한데, 응급으로 수술을 했고 양 손바닥은 지금도 연탄 뚜껑에 살이 오그라진 자국이 선명하게 남아 있다. 손도 성장하면서 같이 크기 마련인데 8살쯤 됐을 때, 왼손 엄지손가락과 검지 손가락사이 갈기 부분이 잘 펴지지 않고 불편하다는 것을 피아노를 한창 배울 때 알아챘다. '도'에서 '도'까지 손가락이 뻗지 않지 않는 것이 속상해서 엄마에게 말했더니, 엄마가 유심히 본 것이다. 손바닥을 짚는 내 손이 불편한 것을 엄마는 귀신같이 알아챘다. 결국 부산 화상 성형외과에서 9시간씩이나 걸리는 대수술을 두 번이나 받아야 했다. 아직도 기억난다. 그래서 내 왼쪽 손바닥은 여느 사람들의 손바닥과 색깔이 다르다. 이것과 관련된 일화가 생각난다. 한창 예민할 사춘기 중학교 시절, 학교 운동장에서 100m 달리기를 하던 중인데 친구 한 명이 달려오는 나를 향해 "야, 너 손에 흙 묻었어"라고 말한 것이다. 이제까지 내 손바닥이 다른 친구들과 다르다고 의식해본 적 없던 터라 순간 '아, 맞다. 내 손바닥은 달랐지'라는 생각을 처음 했다. 생각해보니 부모님의 영향이 참 컸다. 우리 부모님은 손바닥 색깔이 달랐던 나를 남다르게 키우지 않았다. 심지어 염려의 마음도 표현하지 않았다. 보통의 부모라면 애가 타서 손바닥을 연신 들여다볼 텐데, 우리 엄마는 살펴보기는커녕 어떠냐고, 아프지는 않냐고 물어보지도 않았다. 그래서 손바닥을 부끄러워하지도, 다르다고 생각해본 적도 없다. 다른 사람과 다르고 아픈 것은 문제될 게 없다는 생각을 부모님에게 배운 것이 확실하다. 그리고 너무 감사하다. 어쩌다 스피치 이야기하면서 손바닥 이야기가 길어진 이유는 '자존감'과 관련된 말을 해보고 싶어서다. 만약 남들과 다른 손바닥이 내게 콤플렉스가 됐다면 어땠을까? 뭔가를 해보려고 하다가도 '손바닥도 이런 내가 뭘 하겠어?' 또는 '사람들이 내 손바닥 색깔이 다른 것을 보고 이상하다고 생각하면 어쩌지?'라는 걱정으로 소심했을지도 모를 일이다. 사람은 누구나 다칠 수 있다. '얼굴이 아니고, 손등이 아니라서 얼마나 다행인가!' 하고 항상 생각했다. 누군가 놀리거나 징그럽고 이상하다고 생각하는 사람을 만나더라도 이상하게 생각하는 그 상대가 건강하지 못한 것으로 생각했다. 그게 바로 내가 우리 부모님에게 배운 강한 단단함과 자존감이다. 거짓말을 하는 것이 나쁘지, 나를 있는 그대로 보여주고 당당한 것은 결코 잘못이 아니다. 발표 울렁증을 고민하는 수강생의 공통점은 바로, 타인에 대한 의식이 지나치다는 것이다. 대체로 성장 과정에서 충분한 칭찬을 받지 못한 경우가 많다. 또한 엄격한 훈육 환경에서 자신에 대한 믿음은 낮고 판단의 기준도 자신보다는 타인을 통해 평가한다. 초등학생들을 지도할 때 항상 물어보는 질문이 있다. "세상에서 가장 맛있는 감이 뭐라고 생각하니?" 단감, 홍시 등 감 종류 답변이 많지만, 센스 있는 친구들은 "자신감"하고 정답을 맞추기도 한다. 맞다. 맛있는 자신감을 먹게 되면 또 먹고 싶어질 것이다. 돌아보고 인정받지 못한 시간이 있더라도 후회하지 말고, 지금부터라도 어제보다 성장한 내 모습이 있다면 후한 점수를 주고 충분히 인정하고 격려해보자. 그리고 너무나 무섭게 DNA로 유전되는 게 부모의 성향이다. 혹시라도 지나치게 다른 사람을 의식하는 생활 태도를 아이에게 강요하면 말하는 습관은 물론 성공에도 큰 영향을 미친다는 것을 기억하기 바란다.

칭찬의 무서운 위력

'양가집 규수'를
'올 수' 받는 학생으로 만들다

•

•

    제주도가 고향인 엄마는 애정 표현이 서툴렀지만 다른 엄마들과 달리, 어떤 것도 강요하지를 않았다. 심지어 공부조차 강요하지 않았다. 덕분에 공부에 대한 필요를 스스로 찾을 때까지 자유로웠다. 대신, 공부하라 소리를 안 했으니, 어릴 때 성적이 어땠을지는 예상이 될 것이다. '수우미양가' 통지표를 받던 시절이었다. 찾아보니, '수우미양가'는 센코쿠시대 무사들이 사용하던 용어다. 일제 강점기 때 우리나라로 흘러들어온 이 평가방식이 문제가 있지만 의미만 보면 좋은 부분도 있다. 빼어날 수(秀), 넉넉할 우(優), 아름다울 미(美), 양호할 양(良), 가능할 가(可)라는 뜻이다. 인격을 성적으로만 매기지 않고 존중하는 느낌도 있고, '가'를 받아도 사람에게는 무한한 가능성이 존재한다는 점을 보면 나름 긍정적 의미가 있다. 어쨌든 엄마는 공부하라는 소리를 정말 단 한 번도 하신 적이 없고, 덕분에 '양가'를 많이 받던 나는 초등학교 3학년까지 양갓집 규수 딸로 불렸다. 그런데 어떤 사람을 만나느냐에 따라 인생은 계속 달라진다는 말처럼 나의 인생을 역전하게 만들어 준 선생님을 만났다. 아무리 작은 것이라도 놓치지 않고 칭찬해주셨다. 그에 반해 우리 엄마는 나를 정말 미워한다고 생각했다. 혼도 많이 났고, 내 행동이 마음에 안 든다는 이야기를 매번 하시니깐 스스로 잘하는 게 없다고 생각했다. 3학년 때 만난 그 선생님은 '칭찬은 고래도 춤추게 한다'는 속담을 몸소 보여준 분이셨다. 선생님께 잘 보이고 싶다는 일념 하나로 열심히 공부했더니 통지표의 모든 과목이 '올 수'를 받아서 스스로 놀랐고, 선생님, 우리 부모님도 엄청나게 놀랐다. 공부 잘하라는 이야기를 한 번도 안 한 엄마였지만 내심 성적을 잘 받으니 너무 좋아하셨다. 엄마가 이웃분들에게 공부 잘한다고 자랑하는 모습을 보니, 엄마의 칭찬에 다시는 성적이 떨어지고 싶지 않았다. 반드시 이 자리를 고수해야겠다는 계기가 된 것이다. 칭찬의 힘이 얼마나 대단한지를 실감했기에 학원에서 아이들을 지도할 때, 진심의 칭찬을 해주는 지도자가 되기 위해 노력한다. 물론 예쁘게 웃는 모습 하나도 칭찬의 이유가 되기에 칭찬할 일은 차고 넘쳤다. 그래서인지 우리 학원에는 학교에서 NO 1.이라고 불리는 소위 '문제 학생'이 수업을 들어와도 문제를 일으킨 경우를 못 봤다. 자신의 주관이 너무 강한 아이는 개성을 존중하지 않는 교육 환경이 너무 힘들다. 지금은 세종시로 전학 간 친구인데, 한 번씩 직접 전화를 주는 고마운 학생이 있다. 이 친구도 학교에서는 선생님께 찍혔고, 주변 아이들도 고개를 절레절레 흔드는 문제 친구라고 불렸다. 하지만 우리 학원에 다니면서 자기 의사를 끝까지 표현할 수 있는 스피치 시간을 너무 좋아하고 즐겼다. 때로는 아이들과 의사소통하는 부분에서 부딪힘이 분명 있었다. 하지만 이 친구에게도 생각을 말할 수 있는 기회를 충분히 주고, 다른 아이들에게도 주장이 강한 친구들과 어떻게 지내야 하는지 서로 배우고 깨칠 수 있는 더 많은 기회를 만들어 아이들 모두 상생할 수 있었다. 내 아이가 문제가 될 만한 위험한 상황 자체에 노출된 것을 꺼리는 마음, 충분히 이해한다. 하지만 어릴 때, 다양한 상황의 문제를 해결하게 되면 지혜로운 어른으로 성장할 수 있다. 몇 년 동안 같이 수업했던 그 친구는 부모님의 발령으로 세종시로 전학 갔지만 놀랍게도 전교 회장 선거를 나가는 등 자신감이 가득 차고 건강한 아이로 성장하고 있다. 하교하는 길이라면서 전화 오면 그렇게 기특할 수 없다. 멀리 갔는데도 지방에 있는 선생님을 잊지도 않고 전화하는 이 아이의 마음이, 꼭 3학년 때 선생님의 칭찬에 성장하던 나 같았기 때문이다. 아이는 어른들의 눈빛을 누구보다 빠르게 알아차린다. 먼저 선을 긋고 문제아로 낙인찍어 바라보면 오히려 반항적으로 행동해서 나쁜 상황으로 가는 경우가 많다. 어떤 선생님을 만나느냐에 따라 아이의 학교생활이 달라지고 특히 가치관이 형성되는 전인적 결정 시기에 위기를 맞이할 수 있다. 그러니 어른은 어른답게 아이에게 항상 있는 그대로만 판단하고 이끌어 줄 수 있는 인격을 보여야 한다. 초저출산 시대에 아이들이 대한민국의 희망이다. 한 명 한 명 소중하게 자존감 높은 아이로 성장시킬 수 있기를 바란다.

터닝 포인트는 자신이 만드는 것이다

반장 선거, 180도 다른 내가 되다

•

•

운명의 터닝 포인트는 연이어 또 왔다. 바로 진주로 전학을 가게 된 것이다. 아버지가 공무원이라서 발령지로 전학을 계속 다녔는데, 이제는 진주에서 계속 지낼 거라고 했다. 전학을 간 학교에서는 반장 선거가 한창이었다. 한 번도 반장을 해 본 적이 없어서 반장 선거는 남의 일이었다. 그런데 전 학년 성적이 '올 수'라는 이유로 반장 후보까지 된 것이다. 정확하게는 반장이 아니고 7명의 학급지도위원을 선출하는 것이었다. 초등학교 반장 선거는 사실 인기 투표다. 전학생이었던 나를 아무도 모르니, 한 표도 안 나올 것이 분명했다. 의기소침해졌지만 생각을 고쳐먹었다. "침착하자! 어차피 여기는 아무도 나를 아는 친구들이 없어! 대신 공부 잘하는 이미지만큼은 아이들이 기억해 줄 거야! 한 번도 못 해 봤다고 계속 못 할 이유는 없어. 나도 반장 해보고 싶어." 난 스스로 이런 주문을 걸고 있었다. 잘하는 것도 없고 자신감이 없던 나에게 역전의 터닝 포인트를 선물하기로 한 것이다. 과연 선출됐을까? 안타깝게도 난 지도위원에서 탈락했다. 역시, 아는 친구가 한 명도 없으니 당연한 결과다. 그런데 한 표도 못 받을 거라고 예상한 것과 달리, 단 한 표 차이로 떨어졌다는 투표 결과에 꽤 놀랐다. 그것만으로도 난 충분히 자신감을 회복할 수 있었다. 그런데 운명의 신이 한 번 더 나에게 기회를 주었다. 2학기 때 지도위원 한 명이 전학을 가는 것이 아닌가? 그 친구 덕분에 지도위원에 공석이 생겨, 1표 차이로 떨어진 내가 드디어 '지도위원'이 된 것이다. 그야말로 대박이었다. 진심으로 좋았고, '하고자 노력하는 사람에게는 기회의 신이 자주 온다'는 것을 믿게 됐다. 난 공부도 잘하고 리더인 그 자리를 굳건히 지키고 싶었다. 그래서 그때부터 정말 열심히 공부했다. 덕분에 성적은 반에서 상위권이었고, 나름 모범생 친구들과 어울릴 수 있었다. 그랬다. 기회를 기가 막히게 낚아챈 것이다. 이것이 스피치를 잘해서 성공으로 갈 수 있었던 첫 번째 디딤돌이다. 해마다 전교 회장 및 부회장 선거를 위해 학원을 찾는 학생들이 있다. 아쉬운 점은 아이들도 내가 왜 회장이 되고 싶은지 진지하게 고민해 보지 않고 오는 경우가 많다. 그래서 오는 친구들마다 공약이 변하지 않고 비슷한 경우가 많다. 1) 학교 폭력 없는 행복한 학교를 만들겠습니다. 2) 급식 메뉴를 설문조사를 해서 학생들이 원하는 메뉴로 바꾸겠습니다. 3) 우유는 딸기우유, 초코우유로 바꾸겠습니다. 4) 점심시간 아이돌 음악으로 신나게 준비하겠습니다. 등 아이들의 공약은 해가 바뀌어도 큰 틀을 벗어나지 않는다. 이런 공약들이 잘 못 됐다는 것이 아니라, 진짜 필요한 공약인지 큰 고민 하지 않고 무조건 공약 3개를 만들어야 한다는 생각에 단순하게 작성하는 경우는 문제다. 왜냐하면 진심으로 고민해 본 흔적을 찾을 수 없기 때문이다. 그래서 나는 후보자와 인터뷰를 먼저 한다. 전교 회장이 되고 싶다고 생각한 이유가 뭐야? 아이들은 멋있어 보여서라는 말도 한다. 그게 맞다. 초등학생 때는 그런 것 때문에 하고 싶을 수 있는 게 당연하다. 그렇지만 그 마음을 원고에 담을 수는 없다. 그래서 회장이 되면 해야 하는 일들에 대해 말해주고, 이런 활동을 통해 본인이 어떤 사람으로 성장할 수 있겠냐고 물어보면 성숙한 원고가 나온다. 이렇게 본질적인 고민을 하고 준비를 하게 되면 긴장되는 마음도 가라앉고 오히려 진심을 담아 호소력 있는 연설문을 준비할 수 있다. 초등 4학년 때의 가슴 떨리는 생애 첫 반장 선거 원고 쓰기 기술은 학생들 지도에 활용되며 내 스피치 재산이 되어 있다. 리더가 될 수 있는 기회를 잡을 수 있기에 말을 잘하는 기술은 성공으로 가는 첫 번째 디딤돌이 맞다.

승무원 편

무한 긍정은 무한도전을 만들고
새로운 경험을 선물한다

·
·

그렇게 중고등학교 시절을 지나면서 공부는 곧잘 했지만, 지방에서 성장하다 보니 꿈에 대해서 진지하게 고민할 기회가 없었다. 그저 In Seoul 대학을 목표로 수능 점수가 잘 나와야 한다는 생각뿐이었다. 안타깝게도 대학입시 운은 내 편이 아니었다. 재수를 하게 해 달라고 부모님께 부탁을 드렸지만 두 살 터울의 동생들이 둘이나 있고, 공무원 아버지의 월급으로 재수 뒷바라지는 너무 힘들다고 그냥 지방국립대학을 다니라고 하셨다. 어쩔 수 없이 다닌 대학 생활은 너무 재미가 없었다. 내 전공은 국제관계학과였다. 지금은 정치외교학과로 이름이 변경되었는데, 선배들 대부분이 공무원 시험을 준비하거나 진짜 예쁜 선배들은 항공 승무원 합격을 많이 했다. 그래서 가장 친한 대학 동기랑 용기 있게 '아시아나 항공' 승무원 면접을 봤다. 비슷한 나이에 결혼하고 아이들 나이도 비슷해서 방학마다 만나고 여행도 가는 대학 동창이다. 지금도 '아시아나 항공' 승무원 면접 본 이야기를 할 때면 배꼽을 잡고 웃는다. 당시 항공 승무원의 인기는 정말 높았다. 그 당시 승무원은 외모 조건이 철저했다. 지금은 키 제한이 없는데, 당시 서류지원을 하기 위해서는 키는 최소 164cm 이상이었다. 참고로 내 키는 160cm이다. 그럼 상식적으로 당연히 서류접수를 하지 않아야 한다. 그런데 나는 너무 궁금했다. 승무원은 도대체 어떤 면접을 거치는 거지? 그래서 거짓으로 키는 164cm라고 작성했다. 지금 생각해도 무슨 용기로 무식한 그런 행동을 했는지 알수 없다. 대학생이 되어서도 상당히 엉뚱한 사고뭉치였다는 것을 알수 있다. 그리고 혹시 알아? 키가 조건에 미치지 못함에도 불구하고 면접에서 덜컥 붙을지? 라고 생각할 정도로 착각도 심했다. 심지어 부끄러운 일이 생길지도 모른다는 불안감은 1%도 없이 당당하게 응시하러 갔다. 현장에 도착한 친구와 나는 놀랄 수밖에 없었다. 열성적인 부모들이 현직 승무원과 비슷한 외모를 갖춘 면접자 옆에서 메이크업 가방을 들고 매니저 역할을 해주고 있었다. 우린 어땠을까? 그야말로 가관이었다. 나는 키가 들통이라도 날까 염려되어 노심초사했고, 같이 간 친구는 당시 유행하던 탈색을 해서 거의 금발에 가까운 헤어 스타일로 대기하고 있었다. 주변에서 우리를 어찌 봤는지도 기억나지 않는 것을 보면 그때 우리는 정말 환상의 진상 면접 지원자였다. 결과가 어땠을까? 안 봐도 비디오다. 무대 단상 위에서 이미 키와 체중 등 중요한 사전 조사는 진행되고 있어서 어차피 잠시 후 체력검사를 하면 탈락이 뻔했다. 그래도 면접을 보고 나오는 지원자들에게 어떤 질문을 하더냐고 호기롭게 물어봤다. 그런데 승무원 면접을 진심으로 포기하게 된 것은 서류에서 조작한 키도 아니었고, 메이크업 가방을 들고 따라온 열성 부모님이 없어서도 아니었다. 바로, 3살 때 다쳐 큰 흉터가 있는 내 손바닥 수술 자국 때문이었다. 먼저 면접을 본 지원자가 말해준 면접 내용 중에, 몸에 수술 자국 유무를 확인한다고 했다. 그때 난 처음으로 내 손바닥의 상처가 싫었다. 그전까지는 단한 번도 부끄러운 적 없던 손바닥이었는데, 잘 돌보지 않고 어른들은 뭐 했던 건지 화도 났다. 하지만 신기하게도 손바닥 뒤집듯내 마음에는 이런 소리가 들려왔다. "이 길은 내가 갈 길이 아닌거 같아! 그러니깐 오지 말라고 이런 식으로 경고를 하는 거야." 와! 이쯤 되면 나조차 놀랍다. 어디서 이런 긍정적 의식 전환이 되는지 말이다. 속상한 마음도 잠시, 친구의 면접이 끝나기를 기다렸다. 이 친구도 아마 두고두고 흑역사일 것이다. 면접관이 노란금발 머리인 친구에게 영어로 이런 질문을 했다고 한다. "Are you foreaner?(당신 외국인입니까?)" 결과는 당연히 불합격이다. 하지만 승무원 준비는 어떻게 하는 거며, 승무원 면접이 어떤 절차로 이뤄지는지 뇌리에 확실하게 사진기처럼 찍어서 보관했다. 덕분에 승무원이 되고자 하는 항공사 면접은 아주 반갑게 코칭할 수 있다. 이렇게까지 나를 다 드러내도 되는 건지, 살짝 부끄러움이 밀려 올라오기도 한다. 하지만 이 경험도 그때는 몰랐지만 지금 다 내 수업의 좋은 콘텐츠가 되고 있다.

취준 고시생들의 절박함을 노량진에서 배우다

.

.

        승무원 불합격 고배를 뒤로하고 대학교 졸업여행을 다녀왔다. 국제관계학과라는 이름에 걸맞게 대만과 태국을 다녀왔고, 입출국 절차를 거치며 비록 승무원이 되어 비행기를 타고 해외를 다니지는 못해도 공항에서 일할 수 있는 '출입국 관리직' 공무원 직렬이 있다는 것을 알게 됐다. 공무원은 외향적인 내 성향과 맞지 않다고 생각했지만, 항공사 승무원이 탈락하고 보니, 이렇게라도 공항에서 일해 보고 싶다는 생각이 들었다. 거의 7급 수준으로 준비해야 하고, 1년에 딱 한 번밖에 없는 시험이라서, 부족한 것이 많았다. 고등학교 시절 열심히 공부해서 같이 서울에 있는 대학교에 가자고 약속했던 친구가 있었는데, 그 친구만 합격해서 올라갔고 방학 때마다 내려오는 친구는 외모도 말투도 점차 달라졌고,

지방에 남겨져 퇴보하고 있는 나와 비교됐다. 그러다 점점 공통분모가 사라지니 자연스레 연락도 소원해졌다. 첫 아이 낳았을 때 우주복 선물을 받았고 미국 가서 교수가 됐다는 소식까지는 들었는데, 이제는 연락이 안 된다. 어쨌든 나도 정체된 도시, 진주를 벗어나고 싶었다. 지금처럼 내신으로도 대학을 갈 수 있었다면 수시 전형으로 입학할 수 있었을 텐데, 우리 때는 왜 수학능력시험 점수 결과만 가지고 대학을 가야 했는지 아쉽다. 그때 학교 내신 성적은 낮았지만 운 좋게 수능 점수가 잘 나와서 좋은 대학 간 친구들도 많아서 내심 억울했다. 어느새 대학교를 졸업할 시간도 금세 다가와 버렸고, 난 '출입국 관리직'에 도전하겠다며, 진주에서는 준비해주는 학원이 없다는 말로 아버지를 설득해 짐을 꾸렸다. 그랬다. 난 해야 한다고 생각하면 꼭 하고야 마는 성미가 있어서, 처음에 반대했던 아빠를 설득해서 당당히 노량진 고시원에 들어갔다. 어차피 공무원 시험도 영어는 한 개 틀렸고, 한국사가 만점, 국제법은 전공이라 잘 알고 행정법만 좀 배워서 외우면 된다고 생각하며 자신 있게 고시원에 들어갔다. 남들은 서울의 탁한 공기가 싫다고 했지만 '말은 제주로 보내고, 사람은 서울로 보내라'고 했던 말을 공감하며, 서울의 그 탁한 공기마저 너무 좋았다. 공무원 공부만 열심히 할 것 같았지만 그러기에 서울은 내 호기심을 너무 자극하는 곳이었다. 그리고 그때의 경험은 지금 스피치 학원에서

다 수업자료로 귀하게 활용되고 있다.

　　노량진, 고시원의 좁은 방에서 공부만 했다고 생각하면 오산이다. 늘 부모님께 지금도 죄송하게 생각하는 부분이다. 우리 부모님은 빠듯한 월급에 동생들 대학 학비에 생활비까지 대느라 힘드셨을 것이다. 지금으로부터 약 20년 전이니, 매달 100만 원이면 정말 큰돈인데, 올라오는 그 돈을 아까운 줄 모르고 하고 싶은 것은 다 했다. 공무원 준비는 엉덩이 힘으로 해야 한다. 새벽에 학원 앞에 자리 맞추느라 일찍부터 고생하는 고시생들을 뒤로하고, 감히 일과 공부를 병행했다. 지금 생각해보니, 공무원은 준비과정부터 나와 맞지 않았는데, 어찌했는지 모르겠다. 암튼, 처음 좋았던 그 성적만 믿고 이제 노량진도 왔으니 조금만 더 노력하면 합격도 무난할 것 같다고 생각했던 예상은 완전히 빗나가기 시작했다. 합격만 노심초사 기다리던 부모님의 기대는 잊은 채, 지인 소개로 롯데백화점 명동 본점에서 스카프와 선글라스 판매사원을 해봤다. 명품에 '명' 자도 모르고, 선글라스 이름도 잘 모르는데도 고객 응대를 잘한다고 칭찬을 많이 받았다. 이때, 고객 응대 서비스 기술을 몸소 배웠다. 오고 가는 사람들 구경하는 것도 재미있고, 서울말 따라 하는 것도 신나고, 월급 받아 명품 사는 재미도 쏠쏠했다. 그야말로 철부지 행동만 했다. 앞서 언급했던 대학 동기도 비슷한 시기에 취업한다고 서울에 왔다. 그 전의 전략대로 서류 왕창 적어서 채용 뜨는 대로 접수했고, 오라는 곳이 있어 홈페이지 제작 회사에 당당히 취직까지 했다. 당연히 그 친구는 홈페이지에 '홈' 자도 모르지만 합격했다. 흔히 계획이 없으면 아무것도 안 된다는 말도 긍정과 단순함으로 무장한 친구 앞에서는 틀린 말 같았다. 서울에서 다시 만난 그 친구와 나는 신이 났다. 종로, 홍대, 명동, 대학로 등등 서울의 명소를 다니고 즐기다 보니, 백말띠들의 '역마살'도 어느 정도 해소되는 느낌이 들었다.

영업은 NO라는 방패를 뚫어야 하지만, 진심은 창이 될 수 있다

.
.

자연스럽게 공무원 준비는 물 건너가고 있었다. 부모님은 그때까지도 내가 공무원을 준비하고 있다고 믿으셨지만, 이제는 회사에 다녀보고 싶었다. 처음 입사한 곳이 '학습지' 회사였다. 학창 시절에 풀어봤던 수능 학습지 회사였다. 그런데 채용조건이 이상했다. 3개월간 영업사원으로 활동하면 사무직 정규직이 되는 거였다. 나보다 학벌 좋은 사람들이 면접 보러 오는 것을 보면서 '그래, 까짓것 3개월 그걸 못 하겠어!'라는 생각으로 덜컥 입사했다. 일주일에 한 번은 캐리어에 짐을 챙겨 전국단위로 학교에 들어가 학습지 신청을 받는 게 수습 기간 인턴의 근무였다. 그런데 합법적으로 이런 홍보를 허락할 학교는 없었다. 학교에 몰래 들어가야 하고, 쉬는 시간 10분을 활용해 홍보하고 다음 쉬는 시간에 들어가서 작성한 신청서를 받아 나온다. 나중에 집으로 돌아간 학생들의 부모님과도 통화를 해서 혹시라도 취소되는 일이 없도록 해야 한다. 지금 생각해보면 회사는 사무직이라는 정규직을 두고 인턴에게 불법 영업을 시킨 것이다. 팀별로 움직였는데, 20대 나이에 단 한 번도 영업해본 적이 없던 나로서는 쉬운 일이 아니었다. 만약 신청서를 하나도 받지 못하면 어쩌지? 라는 걱정으로 하루를 시작해야 했다. 실제로 신청서를 한 장도 받지 못한 날은 두 가지가 기다리고 있었다. 팀장의 아주 뜨거운 눈칫밥과 저녁에 '3분 스피치' 특별과외 수업이었다. 원고를 작성하고 검토받고, 연습해서 피드백까지, 대단했다. 지금 생각해보니, 아마도 이때 받은 특훈이 지금까지도 제한 시간 안에 핵심 있게 말하는 연습에 큰 도움이 된 것 같다. 강원도부터 제주도까지 참 많은 고등학교에 들어갔다. 덕분에 전국 일주도 하고 지역 명소와 음식들을 맛볼 수 있었던 것은 덤이다. 신청서를 하나도 못 받아 공치는 일만 없도록 하자며 일했다. 하지만 '내가 왜 이런 일을 하고 있지?'라는 생각도 들고, 학생들에게 뭔가 떳떳하지 못한 일을 하고 있다는 생각에 그만두고 싶어졌다. 그런데 정규직으로 전환은 하고 싶었다. 그래서 학습지 영업에 대한 고민을 수험생 시절을 떠올리며 진지함을 담았다. 수험생 때, 나도 학습지를 했었다. 지금은 유명한 동영상 인터넷 강의가 대세라면 과거에는 연간 학습지를 어떤 것으로 선택하느냐가 중요했다. 그리고 아무리 성적이 낮더라도 마지막까지 고등학생들이 느끼는 절실함은 다 똑같다는 생각이 들었다. 뭐라도 해 보고 싶은 마음, 포기하고 싶지 않은 마음, 그랬다. 나는 후회하지 않을 계기가 필요하다는 점에 꽂혔다. 그래서 학생들에게 3분 스피치를 하면서 학습지가 가진 어떤 장점을 어필하기보다는 고등학생들의 절박함에 대한 공감과 용기를 주는 데 더 많은 에너지를 썼다. 결과는 놀라웠다. 내가 신청서를 많이 받고 싶다고 생각했을 때는 거둬지지 않던 신청서들이었다. 제주도 학교에서 야간 학습 쉬는 시간에 들어간 홍보에서는 100장을 받은 적도 있었다. 심지어 취소율이 10%도 되지 않았다. 무슨 일일까? 진심이었다. 영업이 성공할 수 있는 스피치는 진심, 진심, 진심이었다. 고객 입장이 되어 고객이 진짜 원하는 것을 줄 수 있다고 말해주는 것, 그것이 통한 것이다. 그때 나는 전국 신입 우수사원 1등도 했다. 하지만 정작 그렇게 되려고 했던 정규직이 되고 나서는 곧 그만뒀다. 왜냐하면 인턴직 수행 이후의 사무직 근무 약속을 지키지 않고 정규 사원이 되어서도 텔레마케팅 영업을 강요하며 직무를 마음대로 바꿨기 때문이다. 신뢰를 주지 않는 회사에 더 이상 충성하고 싶지 않았다. 하지만 그때 배웠던 팀장님과의 3분 스피치 기술과 현장에서의 생생한 영업 경험 덕분에 판매에 대한 고민이 있는 수강생분들과 공감하고 도움 드릴 수 있어

기쁘다. 다시 말하지만, 그때는 이런 경험들이 이렇게 쓰일 줄 몰랐다. 이쯤 되면 성공과 스피치와 관련해 나의 성장 경험을 풀어내는 이유를 충분히 이해할 것이다.

고객의 마음을 사로잡는 법, 모든 스피치는 설득이다

·

·

　새로운 도전을 즐겼다. 홈쇼핑을 보면서 재미있게 건네는 말투를 곧잘 따라서 하곤 했다. 지금은 홈쇼핑이 완전 자리를 잡았지만, 당시는 쇼핑 호스트라는 직업 자체가 생소했던 시절이다. NS홈쇼핑에서 〈제1회 아마츄어 쇼핑 호스트 대회〉를 개최한다는 소식에 '할까? 말까?'라는 고민도 없이 접수했다. 대회 결과는 성공적이었다. 당시 공무원 시험을 같이 준비할 때라서, 1차 준비까지는 완벽하게 했지만 2차 준비는 다른 내용으로 준비할 시간적 여유가 없었다. 만약 1차 때와 똑같은 내용으로만 나가지 않았어도 어쩌면 지금 TV에서 만났을지 모른다. 다른 지원자들은 새로운 내용으로 준비를 해왔었는데, 그때는 꼭 합격해야 한다는 절실함보다는 궁금해서 나가보는 대회라고 생각했기에 성의가 부족했다. 당시 1등이 되면 NS홈쇼핑 쇼핑 호스트에 바로 발탁되는 것이었다. 예선을 통과했고 마지막 본선 7명까지도 올라갔었다. 지원자들 대부분이 아나운서나 리포터 준비생들이라 전문 학원을 다니고 있었다. 혼자서 원고부터 실전연습까지 모두 준비해야 하는 나로서는 부담을 느낄 수도 있었을 테지만 '천상천하 유아독존, 우주 가운데 나보다 존귀한 사람은 없다'고 심취해 있었던 터라, 전혀 주변에 기가 눌러지지 않고 하고 싶은 대로 할 수 있었다. 그래도 지금 와서 돌이켜보며 아쉬운 게 있다면 그냥 경험 차원의 도전이 아니라, 진짜 1등이 되고 쇼핑 호스트가 되는 것을 목표로 했다면 어땠을까? 또는 대회에서는 아쉬운 결과를 받았더라도 멈추지 않고 방송인의 꿈을 가슴에 품었다면 어땠을까? 하는 생각이 든다. 방송인 출신의 스피치 강사가 됐다면 더 좋지 않았을까 하는 아쉬움이 든다. 그때는 미래의 내가 '스피치 강사'를 선택할 거라고는 꿈에도 생각을 못 할 때였으니 어쩔 수 없다. 하지만 내가 놓친 이런 아쉬움 역시도 경험으로 산재되어 학생들 진로지도에 활용하고 있다. 그리고 수강생 중에 재능있다고 판단되면 항상 도전을 응원한다. 발표 울렁증이 심해서 찾아왔던 미술 전공 대학생이 기억난다. 본인은 울렁증이 너무 심하다고 해서 말도 안 된다고 했지만, 매력적인 공명 목소리를 타고났음을 알아챘다. 그리고 훈련 마지막에 살짝 제안했다. 본인 목소리는 천부적인 재능이 보이고, 아직 젊으니 전문직업으로 도전해보라고 조언했다. 당시에는 울렁증 때문에 극구 거부했던 수강생이 1년 뒤, 아나운서 도전을 결심했다고 연락이 왔다. 비록 나는 방송인이 되지 못했어도 재능을 알아보고 조언할 수 있어서 충분히 만족하고 감사하다. 누군가를 도와줄 수 있는 지금의 내가 참 좋고 대견스럽다.

스피치 강사 편

자신을 객관적으로 볼 수 있는 사람이
진정한 꿈을 찾는다

·
·

20대에 많은 경험을 하기는 했어도 절실하게 추구했던 〈원씽〉이 없었기 때문에, 성공할 수 없었다.

허무했다.

그렇다고 주먹을 불끈 쥐고 앞으로 나아가기 위한 어떤 목표물이 보이지도 않아 더 캄캄했다. 그래서 그렇게 단순한 그 패턴에 익숙해지며 자신에게 '난 휴식이 절대 필요해'라는 말을 하며 위로하곤 했다. 그렇게 아무것도 아닌 작아진 나를 보고 있자니 속은 상하고, 이제는 어디로 가야 할지 목표와 방향을 제대로 설정해야 했다. '인생은 속도가 아니라, 방향이다'라고 했다. 방향도 정하지 못한 채 빠른 속도로 여기저기 달리기만 했던 과거를 성찰하고 나를 객관적으로 보려고 노력했다. 이제까지 아무것도 아닌 나를 대단하다고 생각하며 등 띄어 놓을 때보다 오히려 마음이 편안했다. 무언가 이루려고 할 때는 한없이 바쁘고 초조했는데, 있는 그대로 나를 객관화하고 보니, 차라리 마음은 조금 편안해졌다. 하지만 지금부터는 이왕 이렇게 내려앉은 거, 현실적인 꿈을 꾸고 싶었다. 이전의 나는 남들에게 멋져 보이는 꿈을 가지고 싶었다면 이젠 내 현실에서 할 수 있는 꿈을 찾고 싶었다. 차라리 홀가분했다. 이제까지는 내가 하고 싶은 꿈이 아니었기에 꿈도 추상적이었고, 뜬구름 잡는 식이어서 방향성이 없었기에 어디로 가는지도 몰랐다. 당시 어린 아들이 있어서 차라리 내가 어린이집에서 근무하면 어떨까? 라는 생각이 들었다. 그리고 보육교사만 할 것이 아니라, 경력을 쌓아 어린이집 원장이 되는 것을 목표로 했다. 일단, 보육교사가 되는 방법을 찾아봤다. 그리고 보육교사에게 필요한 부가적인 자격증을 최대한 많이 땄다. 예를 들면, 풍선아트, 페이스페인팅, 북아트 등 거의 18종 자격증을 땄다. 그중 책을 실감 나게 읽어주는 동화구연 과정이 나와 잘 맞았다. 평소 말하기를 좋아했던 터라, 동화구연을 배우는 시간이 재미있었다. 마침 동화구연을 가르치는 선생님께서 스피치 수업도 하셨는데, 그때 처음 스피치를 접했다. 생소했지만 내가 잘할 수 있겠다는 느낌이 강하게 왔다. 제대로 배워보고 싶다는 생각으로 폭풍 검색했고, 아나운서 활동하다가 지방에 내려와 스피치 학원을 하시는 분이 계셨다. 바로 찾아갔고 1년 가까이 선생님이 개설한 프로그램 강의를 계속 들으면서 백화점 문화센터 어린이 스피치 과정을 맡아서 해 보라는 제안도 받았다. 하나의 일은 네트워크처럼 연결된 새로운 일로 이어졌다. 서비스 마인드는 물론 성희롱 예방 교육, 안전교육, 개인 정보 보호 교육, 직장인 괴롭힘 방지 교육, 장애인 인식 개선 교육 등 배우고 넓힐 수 있는 강사교육의 영역이 무궁무진했다. 4대 법정 의무교육 강사를 하며 기업체, 공공기관 등 강사 활동이 자연스럽게 이어졌다. 꾸준히 서울, 대구, 대전 등 필요한 강의가 있다면 새벽에 고속버스를 타고 올라가서 기꺼이 배웠다. 그러면서 차근차근 관련 경력이 쌓이기 시작했다. 경상남도 친절 교육 숙박외식업 사장님 대상으로 큰 무대에서 강의도 했고, 기업들을 찾아다니며 기업 관련 현장 교육도 진행했다. 드디어 내 영역의 가장 베이스가 결정된 것이다. 신기했다. 나도 뭔가 제대로 된 나의 영역을 발견하다니, 기특했다. 당시 지인들을 만나면 30대에도 내 일을 못 찾고 방황하는 게 싫었고, 그 원망을 20대에 돌렸다. 그래서 '20대는 도려내고 싶다'라는 말을 입에 달고 살았었다. 그런데 아이러니하게도 그 좌충우돌의 20대가 나를 살렸다. 그래서 "당신이 걸어온 그 어떤 걸음도 헛된 걸음은 없습니다."라고 확신해 줄 수 있다.

열심히는 살았는데, 손에 쥔 것이 없다고 느끼는가? 그렇다면 눈에 잘 띄는 곳에 이런 말을 꼭 써두길 바란다. "당신이 걸어온 그 어떤 걸음도 헛된 걸음은 없습니다." 실제로 너무 일이 안 풀릴 때, 이 말이 얼마나 위로가 됐는지 모른다. 혹시 이 책을 읽는 분 중에 비슷한 생각을 하는 분이 있다면, 아직 때가 오지 않은 것뿐이고, 당신의 과거는 어떤 식으로든 다 유용하게 쓰일 것이니 딱 기다리라고 말해주고 싶다. 내가 그랬듯이 당신들도 그럴 것이다. 과거는 지나갔고, 현재는 내가 만들고 있고, 미래는 내가 만든 노력으로 오고 있다. 그런데 우리는 과거에 많은 집착과 후회를 한다. 무용지물이라는 것을 알면서도 한다. 왜냐하면 다시 돌아가면 그때보다는 왠지 잘할 것 같아서다. 틀렸다. 우리는 다시 돌아가도 그때만큼도 못할 수도 있다. 돌릴 수도 없지만 '정말로 되돌릴 수만 있다면'이라는 생각은 하지 말자! 아직 남은 기회가 더 많고, 그 기회에서 예전의 실수를 줄일 수 있다. 그러니 진짜 고민해야 하는 것은 뭐다? 보여지는 삶이 아니라, 내 삶이다. 내가 살고 싶은 삶! 단언컨대, 그것만큼 시간과 공을 들여야 하는 일은 없다. 빨리 가고 싶은가? 좋다. 하지만 잘못된 방향으로 빨리만 갔다가는 다시 돌아오는 시간은 더 오래 걸릴 것이며, 진짜로 원하는 삶은 더 멀어진다는 것을 기억하자. 아무쪼록 내 이야기가 누군가에게 작은 힘이라도 되었기를 희망하며 갈음하고자 한다.

chapter 7

내가 말하면
모두가 고객이 된다

- 오다겸

오다겸

〈내가 말하면 모두 고객이 된다〉, 〈쪼가 있는 사람들의 결단〉,
〈어머니, 당신이 희망입니다〉 저자
코니아카데미 대표
웰에이징 건강디자이너
쇼핑호스트
원교 컬러수비학 강사
코니 하우스키핑 매니저강사
1인 기업 콜코칭
맘.꿈.비 천일독서 코칭
(전)신한카드 콜센터장 13년
(전)공공기관 우정사업정보센터 원격상담사

블로그 https://naver.me/FwAQq47M
유튜브 https://youtube.com/@user-yk2mn9oe5f

온택트 언택트는 콜로 뚫는다

．

．

1인 기업가입니까?

1인 기업은 나만의 차별화된 사업입니다.

'온택트 언택트는 콜로 뚫는다!'

주고받는 말, 그것이 삶의 전부입니다.

내가 파는 것이 무엇인가?

나의 말투로 차별화를 합니다.

진정성, 진정성 더 강조해도 지나치지 않는 '진정성'이 중요
합니다.

사실, 사업이라는 것이 진정성 하나면 다 해결되는 것입니
다. 자신을 이해해주고 공감해주고 믿게 한다면 자신이 추천하는
그 무엇도 통과입니다.

어려운 말 쉽게 하고, 온몸으로 사랑합니다.

충성 고객 만들기가 가장 중요합니다.

1인 기업가는 총무, 회계, 기획, 계획, 마케팅 운영 등 모든 것을 혼자 해야 합니다. 고객이 필요로 하는 것 중 대기업이 할 수 없는 것을 하는 것이 '1인 기업가'입니다.

차별화는 고객이 하기 싫어하고 남이 해줬으면 하는 틈새시장을 찾아 고객의 니즈를 잘 파악해야 합니다.

의식주를 해결하는 방법을 생각해 봅시다!

차별화가 안 된 업종은 불황에 버틸 수 없습니다.

성공하는 1인 기업가가 되려면, 불황과 상관없이 단단해야 합니다. 그 방법이 1인 기업가가 하는 일이 남들과 다르게 차별화되어 있다면 그것으로 성공입니다. 1인 기업가는 자신의 강점과 고객의 원하는 것을 찾아 독점할 수 있는 주제를 선택해야 합니다.

1인 기업가의 사업은 삶을 지속해서 성장시키는 것입니다.

삶의 살아가는 기반을 만들어 내는 곳입니다.

경제력에서도 버틸 수 있는 능력이나 신용이 있어야 합니다. 자기 경험, 그 일을 어떻게 다르게 했는지 그 일을 통해 무엇을 배우고 성장했는지를 나누는 일입니다.

어떤 나눔을 하고 싶은지?

하고자 하는 가치는 무엇인지, 사명감이 있어야 합니다.

지속적인 성장이 가능하며 그 일을 통해 보람과 가치가 함께 있어야 합니다. 시대의 원하는 니즈를 내포하고 있어야 합니다.

당신의 1인 기업은 어떤 가치를 추구하고 계시는가요?

긍정만이 성공한다

．

．

긍정은 긍정적인 마음 텃밭의 원천입니다. 강점5 중 첫 번째 강점이 긍정입니다. 검사 결과를 보고 그동안 제 행동이 초긍정이었다는 것을 알았습니다. 긍정적으로 생각하면 부정적인 것도 긍정적인 결과가 나옵니다.

어려서는 가난한 환경을 원망했습니다.

'왜 나는 가난한 집에서 태어났을까!' 항상 그것이 불만이었습니다.

부모님은 돈도 못 벌고 왜 힘든 농사를 직업으로 택하셨는지 항상 의문이었습니다. 회사에 다니는 친구 부모님이 무척 부러웠습니다. 왜 우리 부모님은 농사로 가난하고 힘들게 사는지, 왜 육남매를 낳아서 먹고사는 게 힘든지 늘 마음이 안타깝고 속상했습니다. 자녀가 둘만 있는 집이 마냥 부러웠습니다.

어린 나이에도 불구하고 부모님 농사를 도와 추운 겨울에도 일했습니다. 아니, 도운 걸 넘어서 무조건 일을 해야 했습니다. 아버지는 무섭고도 성질이 고약해서 마을에서는 '몽리꾼'이라는 별명이 있을 정도로 무서웠습니다. 아침밥 먹고 나면 하루도 쉬는 날 없이 비닐하우스로 나가서 일해야 했습니다.

일이 지겨운 날에는 참다못해 외할머니 집에 다녀온다고 말하고 '외할머니 찬스'를 썼습니다. 광주공항 옆, 장암 마을이 외할머니댁이었습니다. 할머니 집에 가면 놀 친구도 없어, 혼자 긴 다리를 왔다 갔다 했습니다. 혼자서 놀아도 일하지 않고 쉴 수 있는 2박 3일이 너무 좋았습니다.

고등학교 진학 후에도 집안이 어려워 학원 청소를 하며 수업료를 면제받고, 자격증 공부를 마무리했습니다. 자격증을 따야 좋은 직장에 갈 수 있었기 때문에 자발적으로 일을 했습니다. 힘들지만 보람된 일이었습니다. '고진감래'라는 한자 성어를 되새기면서 넓은 장판 교실을 열심히 닦았습니다. 고생 끝에 낙이 온다니까 참고 견뎌야만 했습니다.

사춘기 때라 친구들이 수업 마치고 올 때면 걸레질하고 있는 제 모습이 초라해 보였습니다. 하지만 저에게는 꿈이 있었기에 버티고 견딜 수 있었습니다. 한 번에 붙지는 않았지만, 그로 인해 자격증을 취득하면서 자신감도 생겼습니다. 원서에 증명사진이 몇 번이고 붙여졌어도 시험에 합격할 때까지 도전했습니다. 3급, 2급, 1급 가장 높은 급수까지 단계별로 도전했습니다.

당시 기업체 채용 기준상 키가 160cm 이상이었습니다. 키가 작은 자신에게 높은 급수 취득이 더 유리하겠다고 생각했습니다. 그때부터 차별화에 대하여 깨닫게 되었습니다. 제 인생의 긍정은 어린 나이에 시작되었고 그로 인해 단단하게 성장하게 되었습니다. 긍정적인 단어를 잘 몰랐지만, 행동은 적극적이었습니다.

이제 생각하니 어릴 적 결핍된 환경이 오히려 더 단단하게 했고 성장하게 된 원동력이 되었습니다. 도전정신과 될 때까지 한다는 끈기를 키우게 했습니다. '꿈을 이루게 하는 삶의 공식'의 저자 최원교 작가는 이렇게 말했습니다.

'슈퍼어게인! 될 때까지 한다!'
늘 저에게는 인생 슬로건이 되었습니다.

답답하고 답이 없을 때 무조건 긍정적으로 생각하고 행동해 보세요! 긍정적인 생각을 하면 원하는 결과를 가져옵니다. 삶의 공식입니다. 긍정은 삶을 즐겁고 행복하게 변화시켜줍니다. 하늘을 감동시키고 좋은 결과를 만들어 내게 하는 원동력이 됩니다. 긍정에서는 지치지 않고 타인을 이롭게 하며 자신을 성장시켜 최고가 되게 합니다.

긍정적인 생각과 태도로 행복한 창조자가 됩니다.
삶의 주인공이 되어 점점 더 성장하게 됩니다.
긍정, 긍정, 초긍정적인 태도로 바꿔보세요!

'나는 긍정적인 사람입니다' 매일 아침 확언하고 하루를 시작합니다. 긍정은 돈이 들지 않는 자신만의 강력한 도구입니다. 마음을 세워서 선택하고, 항상 기억하고 긍정 도구로 잘 활용하기를 추천합니다. 모든 것은 마음에 달려 있습니다.

내가 믿어야 고객이 나를 신뢰한다

·
·

고객에게 말을 할 때, 확신을 가지고 얘기해야 합니다. 내 자신이 믿어야 고객이 신뢰합니다. 28년 동안 대기업과 공기업에서 다양한 클레임 고객을 만났습니다. 처음에는 두렵고 떨렸습니다. 전화를 빨리 끊어야지라는 생각을 벗어나 '어떻게 하면 문제가 해결되지?' 하며 해결 방법에 집중했습니다. 고객의 질문에 확신이 없는 말투와 대답은 고객이 먼저 압니다.

고객의 질문에 답을 할 때는 확신이 있는 어투로 당당하게 말해야 합니다. 정리가 안 되어 자신도 이해가 안 된 것을 전달하면 고객은 더 혼돈에 빠지고 문제도 해결되지 않습니다. 결국 설명이 길어지고 자신감 없는 말투로 응대하게 됩니다. 핵심을 전달할 수 없게 됩니다. 완벽하게 이해한 것을 전달하고, 궁금한 것은 고객에게 질문을 한 뒤 정확하게 전달해야 합니다.

약속된 시간에 응대하기 어려울 때도 준비가 지연되는 경우도 있습니다. 이럴 때는 약속을 다시 잡아서 확실한 내용으로 답변해야 합니다. 불확실한 추측에 의해 상담을 하거나 불확실한 정보를 전달하지 않습니다. 이해도 안 되고 선택의 오류가 생겨 고객에게도 피해를 줄 수 있습니다.

좋지 않은 결과를 초래합니다. 문제점에 대한 확실한 답을 찾고 더 좋은 대안을 제시해서 고객에게 선택하도록 결정권을 줘야 합니다. 회사의 입장이나 상담사의 개인적인 편한 방법으로 안내해서는 안 됩니다. 객관적이고 합리적인 방법을 다양하게 제시해서 고객의 환경에 더 좋은 것을 선택할 수 있도록 기회를 줘야 합니다.

지인은 온라인으로도 해결할 수 있는 일을 상담사 본인이 잘못 알고 있었던 업무 기준에 따라 회사에 방문할 것을 요청했습니다.

고객은 그 일을 해결하기 위해 휴가를 내고 지방에 있는 센터를 방문해서 일을 처리했습니다. 방문하여 일처리하면서 온라인으로 처리가 가능했음을 인지하게 되었습니다.

화가 난 고객은 회사 방문을 안내한 직원을 찾아 피해보상을 요구했습니다.

이와 같은 사례는 고객의 시간을 빼앗고 회사의 신뢰도까지 하락되어 충성고객이 이탈하게 하는 요인이 될 수 있습니다.

고객 응대는 '신뢰'가 답입니다.

복잡할수록 단순한 방법을 찾아서 이해하기 쉽게 설명하고 자신 있게 얘기할 수 있어야 합니다.

문제가 생길 수 있습니다. 상황을 설명하고 고객이 선택할 수 있는 결정권을 줘야 합니다.

상품에 대한 기본 지식도 충분하게 이해하고 고객의 성향에 맞는 최적화된 상품을 찾아내서 선택할 수 있도록 해야 합니다.

장단점을 자신 있게 제시할 때 고객도 좋은 결정을 하게 됩니다. 눈앞의 회사의 이익보다는 멀리 보고 고객에게 더 유리하고 좋은 조건을 찾아내고 믿는 만큼 정확하게 얘기해야 합니다.

믿고 신뢰감 있는 말로 전달이 됐을 때 고객의 만족도는 높아집니다. 불만고객도 충성고객이 됩니다. 회사와 상품을 홍보하고 추천하는 찐 팬이 됩니다. 고객은 상담사의 말투나 이미지로 더 잘 파악합니다.

믿음이 있는 말인지 아닌지는 고객이 더 잘 압니다. 고객에게 말을 더 확실한 어투로 얘기하고 자신감 있는 말로 전달해야 고객도 신뢰합니다.

성공한다고 결단해야 성공한다

.

.

여러분은 왜 성공하고 싶은가요? 성공이 무엇이라고 생각하는가요?

삶을 기쁨을 함께 나누고 행복하게 사는 방법입니다. 나를 성장하는 것이 큰 축복입니다. 살아 있다는 것이고 경험을 통해 타인을 돕고 함께 성장하는 것입니다. 삶의 기쁨을 함께 나누며 영혼성장을 하는 것입니다.

나와 가족을 지키고 삶의 기쁨을 지속적으로 유지해야 행복합니다. 더 행복한 나눔을 할 수 있습니다. 보람과 행복을 경험할 수 있습니다.

늘 불안한 환경과 미래에 대해 부족하다고 생각하기에 늘 불안하고 초조해집니다.

그런 불안감을 갖고 고객과 만났기에 그 순간순간을 모면하는 데 급급했고 어렵게 하는 고객을 응대하는 시간이 빈번해지니 좌심방 불안증세로 왼쪽 손이 마비되었습니다. 그리고 자리를 지키기 위해 더 연연해졌고 좌불안석이었습니다. 그래서 시작한 것이 교육이나 세미나 과정을 통해 리더십을 배웠습니다. 아무것도 하지 않고 정체되어 있는 삶이 불안감을 고조시켰습니다. 그래서 시작했습니다.

외부강의에서 배운 것을 조직에서 활용하여 직원들과 함께 함으로써 나도 구성원도 활기차게 성장하게 되었고 직원들은 상담일은 힘들지만 마음과 함께 하는 직원들이 좋아서 직장에 나온다는 구성원들의 한 마디 한 마디가 보람 있게 성장시켰고 존재의 이유가 되었습니다.

나는 내가 정말 좋다. 나는 아무런 이유 없이 정말 좋다. 내가 나를 사랑해야지 내가 나를 사랑하지 않는데 누가 나를 예쁘게 봐줄 것인가!

스스로가 자기를 사랑하고 가장 행복하게 해줘야 합니다. 이것이 자기사랑의 시작이며 성공의 시작이라고 생각합니다.

내가 가지고 있는 것이 최고의 것이고 그 순간 고객을 위해 나만이 할 수 있는 초고도의 집중과 경험과 노하우를 다 풀어내고 고객을 위해 필요한 방법이 무엇인지를 찾아냅니다.

해결안을 돕고 문제점 발생 시 스스로 해결할 수 있는 방법을 한 번 더 리마인딩 해주고 눈높이에 맞는 화법으로 말하여 자신감을 갖게 도웁니다. 그 다음은 자기가 하는 일에 최고의 실력을 갖추는 것입니다. 실력을 갖추고 어떻게 하면 좋은 방향으로 해결할 수 있을까에 몰입합니다.

긍정언어를 선택합니다.

셋째는 고객과 리듬을 타면서 친절하고 밝은 에너지로 고객의 입장에서 경청하고 원하는 문제점이나 니즈를 만족하게 해결합니다. 결단하지 않으면 성장은 없습니다. 고객도 성장하기 위해 문제점을 해결하기 위해 연결되는 것입니다.

고객의 니즈와 나의 니즈가 만나서 원하는 것이 같을 때 결단이 쉬워집니다.

필요한 니즈가 해결되었을 때 한걸음 더 나아가며 보람도 함께합니다.

"어떻게 하면"으로 늘 생각할 때 스스로 더 해결할 수 있게 도움을 줍니다.

즉 지금 당면한 문제점을 해결할 수 있게 돕는 것이 고객과 함께 더 성장하는 방법입니다. 그 점들이 모아질 때 자신감이 회복되고, 만나는 고객 모두에게 앵무새가 아닌 차별화된 니즈를 찾아내서 해결해 줄 수 있습니다. 그리고 만족되었을 때 두렵지 않고 배우려고 하는 또 다른 변화의 결단이 열리게 됩니다.

일상의 모든 선택들이 나를 위한 것임을 알고 긍정적인 태도와 성장의 발전으로 삼고 문제로 인식하지 마세요. 우리는 성장하기 위해 지구에 온 것입니다.

성공은 문제를 문제로 인식하지 않고 성장을 위한 선물로 받아들이고 그 성공 체험을 반복함으로써 더 큰 그릇이 됩니다.

일상의 선택을 긍정적 마인드로 선택하세요.

성공한다고 결단했다면 가벼운 마음으로 즐겁고 결과를 상상하면서 행복하게 시작하세요. 그리고 결단하세요. 성공하기 위해서 결단하지 않으면 성장은 없습니다. 성공하려면 지금 행하는 패턴에서 변화의 결단이 필요합니다.

나는 의지가 있고 할 수 있고 불확실한 미래를 환영하며 될 때까지 포기하지 않으며 먼저 시작하고 완벽해지는 기술을 즐깁니다.

성공한다고 결단해야 성공합니다.

먼저 시작하고 나중에 완벽해진다

∙

∙

글쓰기를 시작한다! 선언했습니다.

무엇을 할 것인가 소리 내어 얘기해야 합니다.

주문을 해야 나에게 원하는 음식이 오는 것처럼 무엇을 원하는지 얘기하지 않으면 내가 원하는 것을 이룰 수 없습니다. 내가 할 수 있는 것과 남이 할 수 있는 것을 바로 표현해 봅니다.

원하는 것을 이루기 위해서는 어제와 같은 날이 되면 안 됩니다.

먼저 시작해야 합니다. 완벽해진 다음에 시작해야 한다는 선입견으로 늘 머뭇거렸습니다.

글쓰기 목표 설정을 했고 일상과 늘 같은 날이 반복되어 글쓰는 시간을 확보하기는 쉽지 않았습니다.

그래서 결단을 했습니다.

"나만의 시간, 방해받지 않을 시간을 확보하자."

그렇게 새벽 3시에 기상했습니다. 6시 기상도 못하던 사람이 3시 기상을 목표로 한 데는 이런 과정이 있었습니다.

5시 기상 프로그램도 참여했습니다.

잘 이뤄지는가 싶더니 백신 합병증으로 6개월 이상 새벽기상을 할 수가 없었습니다.

이런 과정을 거쳐 새벽 3시 기상으로 나만의 시간을 경험하고 그 경험된 시간의 성취감이 나를 무한한 잠재력과 자신감을 갖게 했습니다.

성장의 성취감을 담기 위해서는 자신이 먼저 큰 그릇이 되어야 합니다.

큰마음 그릇에 성장의 에너지를 담고 담아 유한의 장벽을 뚫고 무한의 잠재된 에너지를 경험하게 됩니다.

놀랍도록 큰 에너지와 자신감을 경험하게 됩니다.

이 에너지를 평생 함께하고 성장하며 필요로 하는 사람들에게 도움을 주고 싶다는 사명도 생겼습니다. 나는 항상 부족하다고 생각했습니다.

때론 부족함이 나를 새로운 배움에 늘 도전하게 했지만, 부족하다는 이유로 나의 재능을 밖으로 방출하는데 두려움과 위안을 삼는 안식처로 안주하게 방치했습니다.

시작은 빠르게 시도하였지만 결과를 내지 못했고 뒤늦게 시작하여 나보다 먼저 성과를 내는 사람들을 보면 또 다른 이유를 핑계 삼아 위로를 했습니다. 나보다 더 빠른 재능을 갖고 있으니까! 나는 배워서 익히는 것이 빠르지 않으니까!

피해갈 핑계를 대며 스스로 위안을 삼았고, 시간이 흘러서는 자신감을 잃고 포기하기를 반복했습니다.

먼저 시작하고 나중에 완벽해져라! 이 말을 반복해서 듣고 되새기다 보니 배웠던 것을 나만의 것으로 이해하고 창조해서 차별화를 시킬 수 있는 나만의 콘텐츠를 찾아내게 되었습니다.

용기도 생겼습니다. 그래 내 경험을 녹이면 되는 거야!!!

어렵게 생각하지 말고 쉽다고 생각하자라고 생각을 바꾸니 그 어려운 일이 즐겁게 다가왔습니다.

아무것도 하지 않으면 아무런 결과가 없다. 결단하고 먼저 시작하자.

나중에 완벽해지고 더 보완해 보자.

그리고 보완해서 미흡한 영역을 성장시키자.

시도하지 않으면 아무것도 결과를 가져올 수 없다.

어제보다 나은 나!

성장하는 나 자신을 스스로가 칭찬하자.

혼자하기 어려운 목표는 누구나 알 수 있도록 공개하고 홍보하자.

먼저 함으로써 자신감을 갖고 포기하지 않게 됩니다.

반복하고 훈련해서 포기하지 않고 될 때까지 합니다.

시도하지 않고 늘 불안해 했습니다. 미리 오지 않은 일과 현재 직면한 일에 늘 걱정부터 했습니다. 이제는 알게 됩니다. 그 불안감이 나를 평정심을 잃게 했으며, 좋은 결과를 선물로 받기 전에 나쁜 선택을 하게 했다는 것을 경험하게 됩니다. 늘 불안한 선택으로 모든 것을 잃게 했습니다.

그 과정의 아픔을 통해 반성을 겸손을 배웠습니다. 감사하는 마음을 가르쳤고, 명상과 책읽기를 하면서 성장하며 먼저 시작하고 나중에 완벽해지는 선물을 갖게 되었습니다.

경험하고 배운 것을 필요로 하는 사람들에게 차별화해 줄 수 있게 됩니다. 나의 경험이 그 누군가에게 도움을 주고 희망이 될 수 있습니다.

오늘의 사명의 크기만큼 경험한 것을 담을 수 있습니다.

지속적으로 나의 마음 그릇을 크게 키우고 경험한 것을 확장해갑니다.

그 경험을 공유하고 함께 성장합니다.

될 때까지 포기하지 않는다

·

·

항상 큰딸을 자랑스러워하는 어머니가 계셨습니다.

삶이 어렵고 힘들었지만 큰딸의 어려움을 뚫고 직장에서 성장하는 모습에서 대리 만족을 하였습니다. 초등학교도 못 나온 학력과 배움에 대한 갈망을 대신하여 위로받고 자랑했습니다.

어린나이지만 17살에는 목표라는 것도 몰랐고, 생계를 유지하기 위해서 여상고를 지원했습니다.

여상고에 들어가니 좋은 직장에 들어가기 위해서는 자격증을 따야 했습니다.

친구들이 학원에 가고 있어 따라갔습니다.

목표가 생겼습니다. 학원에서 청소를 해야겠다고 결심했습니다.

도전했습니다. "선생님 저도 청소하게 해주세요!"

"지금 자리가 없어서 안 되겠는데."

거절을 받고 나니 긍정적인 오기가 생겼습니다.

그리고 기다렸습니다.

기다리던 자리가 생겼습니다.

와우! 신난다. "내가 최고로 청소를 잘해야지" 목표도 생겼습니다. 그런 노동으로 배운 대가로 수업을 듣고 대한상공회의소 3급 시험을 도전했습니다. 주산, 부기, 타자 단 한 번에 합격한 것이 아무것도 없었습니다. 원서에 사진이 몇 장 붙여지고 떨어져도 합격할 때까지 도전했습니다.

3급이 합격되고 다시 2급에 도전했고 역시나 떨어지기를 수차례 반복해서 합격할 때까지 창피를 무릅쓰고 도전했습니다.

목표에 도전해서 될 때까지 한다는 원동력을 만들어준 계기가 되었습니다. 다른 영역에서는 부족했지만 노력해서 집중했던 성공 체험이 도전을 계속하게 되었습니다.

학원청소를 해서 취득한 3종 자격증이 있었기에 학교 성적에서도 1등을 경험하게 되었습니다. 고3 때에는 반에서 1등으로 친구들이 투표를 했고 생애 최초 반장이 되었습니다. 또 목표가 생겼습니다. 반장에서도 최고로 잘해야 되겠다고 결심했습니다.

고등학교 졸업 후 88년 대기업에 입사를 했습니다.

고졸로는 대졸 출신과 경쟁할 수 없었기에 여직원 중에서 일을 제일 잘해야겠다는 목표로 1시간 빨리 출근했고 열심히 일했습니다.

입사한 지 12년 만에 재도전을 했습니다. 만학도로 4년제 대학교에 입학을 했습니다. 32살에 두 자녀의 엄마로 도전한 대학교 학업은 쉽지는 않았습니다.

야간대학 3학년 재학 중에 셋째 아이도 임신했습니다. 직장과 학업을 병행하며 셋째 아이까지 낳고 나니 양육 문제가 걱정되었습니다.

저는 중퇴를 생각하고 교수님과의 면담을 신청했는데, 교수님은 제게 포기하지 않는 용기를 주셨습니다. "늦게 시작했기 때문에 여기서 중퇴를 하면 다음은 더 어려워질 거"라는 말씀에 포기하지 않고 병행했습니다.

2005년 2월 빛나는 만학도의 학사 졸업장을 취득하였습니다. 2007년 다시 대학원에 도전을 시작했습니다. 회사의 합병으로 불안한 시기였습니다. 경쟁력을 갖추기 위한 도전이었습니다.

대학원을 입학을 했지만 수업과 졸업하기가 너무 어려웠습니다. 공부도 힘든데 아이를 돌봐줄 사람이 없어 대학원 수업에 데리고 다녔고 어려운 영어 원문과 팀 프로젝트 발표에 뒷목이 당기고 도전할 수 없게 되어 포기하려고 했습니다. 그런데 정성이 가득하면 하늘을 감동시킨다고 했던가요.

워킹 맘으로 세 자녀를 출산하고 4년제 대학을 졸업하게 되었고, 대학원 석사를 졸업했습니다.

그리고 도전은 계속됩니다. 지금은 1인 기업가를 위한 개인 책에 도전하고 있습니다. 책을 쓰리라고 생각지도 못했던 일인데 귀인을 만나 개인책을 쓰게 되었습니다. 시작은 용기지만 쓰는 것은 저와의 싸움입니다. 수천 년부터 쌓여온 카르마와 씨름하게 됩니다. 명분을 찾아 숨게 되고 요령도 피웁니다. 이제 자기와의 싸움에서 버티는 힘이 생겼습니다. 임계점을 넘기 전까지 지금은 너무 벅차고 힘들 작업이지만 자신감도 생기고 끝까지 합니다.

"포기하지 않고 될 때까지 한다!" 내 삶의 좌우명이 되어 어렵지 않네. 껌이야! 하고 자기암시를 하면서 즐기면서 하는 힘이 생깁니다.

인생은 이렇게 완벽하지는 않지만 성장을 위해 포기하지 않고 될 때까지 하는 사람이 많이 받을 수 있는 행운이자 큰 선물입니다.

당당하게 요청하라

.

.

갑자기 일이 생겼을 때 어떻게 대처하시나요?

일상생활에서 당황스럽게 오는 문제들이 많습니다.

혼자서는 해결하기 어렵습니다.

각 영역에 도움을 줄 수 있는 전문가에게 당당하게 요청해야 합니다. 안 되는 것을 붙잡고 혼자서 끙끙 앓다가는 포기하거나 기회를 잃게 됩니다.

원격상담사로 일을 할 때 사례입니다.

목소리로도 지긋한 나이를 드신 할아버지입니다.

"선생님 제가 나이가 있어 컴퓨터를 잘 못합니다. 도와주세요."

간절함이 느껴지는 할아버지 음성이 들렸습니다.

연결된 컴퓨터에서는 엔터키를 쳤지만 다음 반응까지 1분 이상 걸렸고 컴퓨터의 처리속도로 인해 많은 시간과 인내를 요구했습니다.

고객이 해결해야 하는 것에 대해 방향제시를 해드리고 상담사가 처리할 수 있는 것을 합심해서 세 차례 두 시간 이상 걸려 문제점이 해결되었습니다. 포기하지 않고 도움을 요청하는 고객님께 끝까지 해결할 수 있는 방법을 찾아드렸습니다. 요청자가 포기하지 않고 간절하니 최상의 해결점을 찾아드렸고 컴퓨터를 재구입하지 않고 프린터도 할 수 있는 해결을 도와드렸습니다.

정성을 다하면 하늘도 감동이 된다고 합니다.

끝까지 최선을 다하고 안 되는 영역에서는 전문가를 찾거나 도움을 요청해야 합니다. 기한이 정해진 것은 비용이 지불이 되더라도 전문가를 찾아서 해결해야 합니다.

당당하게 요청을 하되 예의를 갖춰야 합니다. 예의를 갖추지 않고 하는 행동은 상대방을 무시하는 행동입니다. 간절하게 그리고 예의 있게 당당하게 말로 표현해야 합니다.

그 노력으로 상대가 할 수 없는 방법까지도 찾아내게 되는 성과를 낼 수 있습니다. 고객과 상담사가 한마음으로 해결을 하게 됩니다.

고객과 서로 호응하는 순간 간절함이 해결점을 찾습니다. 순간순간 진실하게 얘기해보세요. 마음이 전해집니다. 도움을 줄 수 있는 접점 시점에서의 마인드는 가족이라고 생각하고 문제점을 도와드리세요. 부모님이라 생각하면 더 인내하게 되고 끝까지 도움을 줄 수 있도록 해결점을 찾아낼 수 있습니다.

반대로 예의 없이 요청을 하게 되면 제공할 수 있는 매뉴얼적인 답변을 받게 됩니다. 기본선에서 문제되지 않는 선까지요.

매뉴얼이 있지만 사람의 감성과 암묵지에서 녹아난 스킬적인 노하우까지 풀어내어 문제점을 지원받을 수 있는 것은 사람과 사람 사이의 신뢰와 인정입니다. 당당하게 요청하고 신뢰성을 갖고 요청해야 합니다. 상대를 인정할 때 나에게 오는 회답과 선물은 더 크게 옵니다.

원하는 것을 당당하게 요청해보세요!!!

기억에 남는 1인 기업가가 되라

.

.

기억에 남는 1인 기업가는 가치와 사명이 있어야 합니다.

상품과 서비스에 어떤 가치를 연결하는가가 중요합니다.

강점과 혜택을 넣어서 고객과 한마음이 되었을 때 지속적인 성장이 가능합니다. 자신의 이익보다는 고객에게 도움이 되는 방향을 제시하고 선택하게 합니다.

순간 자기의 이익을 위해 제안한 것이 오히려 더 고객과 단절될 수 있음을 알아야 합니다.

재무컨설팅을 받았던 사례입니다.

넓고 큰 그림을 듣고 고객이 원하는 콘셉트와 놓치고 있는 부분까지도 제안을 해서 좀 더 합리적이고 유지 가능한 상품을 설계해야 합니다. 눈앞에 보이는 나의 이익보다 고객을 내 가족처럼 생각하고 설계하고 제안해야 합니다.

전체를 보고 촘촘하게도 보고 다양한 상황을 고려해서 판단할 수 있도록 제안해야 합니다.

당장 계약이 이뤄지지 않더라도 시간이 흘러서 더 큰 충성고객이 될 수 있음을 알게 됩니다. 앞에 보이는 것만 보지 않고 넓고 깊게 멀리 단기적 중기적 장기적인 설계를 해야 합니다.

긍정마인드와 지혜로운 제안은 존경받는 1인 기업가로 고객에게 기억되고 서로 상생하는 관계로 성장하게 합니다.

chapter 8

지구가 몸살이 났어요!

— 홍 윤 옥

지구 환경 지킴이: "재활용" 우리의 미래를 지키는 작은 노력

홍윤옥

빛나는 보석 - 30년 중고사랑, 지구사랑 - 환경지킴이 - 〈어머니, 당신이 희망입니다〉 작가 - 행복한 창조자 N잡러 - 유튜브 중고 만물상 TV 운영 - 행복을 전달하는 행복 메신저 - 홍 피디

2년 동안 부자들의 글쓰는 방에 꾸준히 출석
7월부터는 수익 내는 나홀로 비즈니스 1인 기업
떠먹여 주는 블로그, 돈 공부 하우트 클라스 수료해서 경제적 자유 완성

유튜브 https://youtu.be/13lCfLOK-tY
블로그 https://blog.naver.com/green2646

환경 보호의 첫걸음
재활용은 지구 환경 지킴이

.

.

지구 환경을 지키기 위해 노력해야 합니다.

그게 바로 "재활용".

일상에서 쉽게 실천할 수 있는 환경 보호.

사용한 물건은 버리는 것이 아니라 다시 활용하여 새로운 제품을 만드는 과정입니다. 소중히 보호해야 하는 자원을 아끼면서 환경 오염을 예방합니다. 우리가 소비하는 것은 최소화하고 재활용은 적극적으로 해야 합니다. 이러한 과정을 통해 자원을 보호하고 쓰레기를 줄일 수 있습니다.

많은 양의 쓰레기들이 지구에 피해를 일으키고 있습니다.

이런 문제를 해결하기 위해 재활용은 꼭 필요하고 자원을 절약하는 데 도움이 됩니다. 절약된 자원은 우리가 사는 지구를 살리는 데 힘이 되고 있습니다.

우리는 일상적으로 많은 물건을 재활용할 수 있습니다. 종이, 유리병, 캔, 플라스틱, 금속, 고철 이런 물건들을 수거하여 창의적인 아이디어를 통해 재활용할 수 있는 제품을 만듭니다.

사용하던 전자제품은 수리하여 추억과 함께 새로운 주인에게 판매하거나 기부합니다. 판매하고 기부한 사람은 수익도 생기고 지구를 살리는 행복과 자부심도 품게 되는 살기 좋은 곳을 만드는데 동참합니다.

사랑하는 가족들이 사는 지구
주변을 아름답게 가꾸는 일에도 참여하고
따뜻한 마음을 전하는 데도 동행합니다.
환경 보호 지킴이로서 재활용에 적극적으로 동참하고
정보를 공유하며 지구를 보호하고 미래를 위한 에너지,
자원 사용을 실천할 수 있습니다.

재활용은 폐기물을 다시 사용할 수 있는 자원으로 만드는 과정을 의미하며 이를 통해 자원의 소모를 줄이고 자연환경의 파괴를 예방합니다.

이산화탄소 온실가스의 배출량을 줄이며 에너지 절약 효과를 가져옵니다.

많은 사람은 여전히 재활용의 중요성을 인식하지 못하고 있습니다. 일부 사람들은 재활용이 번거롭고 시간이 오래 걸리는 일이라고, 생각하기도 하지만 분리수거만 잘해서 배출하면 지구사랑을 하는 것입니다.

생활에서 습관적으로 일회용품을 사거나 분리수거를 하지 않은 경우가 많습니다. 개인적인 습관을 바꾸고 환경 보호에 참여함으로써 모두가 지구를 지키는 환경 보호 지킴이가 되어야 합니다.

지구가 몸살이 났습니다.

회복될 수 있게 사랑의 영양분을 주어야 합니다.

"지구는 당신의 도움이 필요합니다"

·

·

지구를 구하기 위해 지금 행동을 합니다.

"지구는 우리의 유일한 집이다."

지구를 보호해야 합니다.

우리에게는 행성이 하나뿐이며 그것을 보호하는 것은 우리에게 달려 있습니다. 폐기물 감소 및 물 절약에서 청정에너지, 지속할 수 있는 농업 자원에 이르기까지 우리는 모두 다음 세대를 위해 건강하고 안전한 지구를 보호하기 위해 노력해야 합니다.

기후 이상 변화로 인해 산불과 무더위에서 허리케인과 홍수에 이르기까지 변화하고 있습니다. 온실가스 배출량을 줄임으로써 기후 변화의 영향을 늦추고 지구가 곤경에 처해 있다는 것을 알리고 친환경 제품으로 돈을 절약하고 지구를 구해야 합니다. 지금 실천하는 여러분이 환경변화에 도움을 주면서 기분 좋게 동참하고 느껴보세요.

우리가 사는 가장 소중한 공간,

지구 환경 보호,

지구는 우리에게 무엇을 원하는가? 지구 환경과 연결되어 있습니다.

인공위성, 우주선 등에서 발생하는 우주 폐기물을 줄이는 것이 중요합니다.

이를 위해 우주 폐기물 수거와 재활용 아이디어 개발, 떠돌아다니는 주인 없는 물건들을 안전하게 회수하는 방법을 연구하고 개발해야 합니다.

지구 환경문제는 탄소 배출과 밀접한 연관이 있습니다.

우주 산업에서 발생하는 탄소 배출을 줄이는 것이 필요하고, 친환경적인 우주 로켓. 우주선·기술 연구를 통해 개발하고 투자해야 합니다.

우주는 끝없는 자원이 있는 공간입니다.

지속 가능한 개발을 통해 우주 자원을 활용해 우리의 삶을 더 나은 것으로 만들어 가야 합니다. 우주는 국제적으로 협력하여 공동으로 서로 노력해야 합니다. 소중한 공간 우주 정말 감사합니다. 많이 사랑해 주세요.

지구가 하루가 다르게 변화하고 있습니다.

전쟁과 기후 변화 때문에 지구가 이상 기온 현상, 비상사태로 변해갑니다.

우리가 할 수 있는 작은 일부터 하나씩 실천하면, 우주는 우리에게 어떤 것을 줄까요? 사랑, 공기, 자연, 행복, 추억·축복 등 좋은 기운을 듬뿍 주고 있습니다.

우리의 미래를 지키는 작은 노력

·

·

우리 모두의 앞날을 위해 오늘부터 바로 탄소 중립을 실천해 보는 것은 어떨까요?

"당신이 행복해지기 위해서는 주위를 행복하게 하십시오.

주위가 행복해지면 당신도 행복하게 됩니다."

– "청소 능력", 마쓰다 미쓰이로

미래를 지키는 적은 노력

1. 친환경 생활에 적극 동참

전자레인지를 사용하는 것이 오븐을 사용하는 것보다 50% 정도의 에너지를 절약할 수 있다는 것을 아시나요? 특히 내부를

자주 닦아주면 열전도율이 높아지면서 전력 소비량 또한 줄어든답니다.[2]

2. 에너지를 절약하면 전력 부족 문제와 온실가스 배출량 감소에 도움이 됩니다.

일상생활에서 전등, 불을 꺼두는 것부터 시작하여, 에어컨이나 난방기 사용량을 줄이는 것, 가전제품을 사들일 때 전력 효율성을 살피는 것. 자동차 운행 때 발생하는 대기오염과 온실가스 배출량을 줄이기 위해 대중교통 이용, 걷기, 자전거 이용.

3. 플라스틱은 자연분해가 어려워 환경 오염의 주요 원인 중 하나입니다. 플라스틱 사용을 줄이는 것이 환경 보호에 도움이 됩니다.

일회용품 대신 재사용이 가능한 용기를 사용한다.

에너지 절약 제품을 사용한다.

조명을 LED 등의 절전 전구로 바꾸고 냉장고나 에어컨 등을 사용할 때는 가능한 절약 모드를 사용하거나 사용하지 않을 때는 꺼두는 게 좋다.

---

2 [출처] 환경교육포털

우리는 농업과 축산업에서 나오는 탄소 배출을 줄이기 위해 식습관을 조절할 필요가 있습니다. 채소와 과일, 곡물 등을 다양하게 먹고 적절한 양의 육류를 섭취하는 것이 좋습니다. 또한, 육류 대신 채소나 단백질을 섭취하는 식습관을 유지하는 것도 탄소 배출을 줄이는 데 매우 효과적입니다.

지구 환경 지킴이로서 건강한 마음과 몸으로 환경 보호 실천하고 몸살로 아파하는 지구 환경을 위해 노력합니다.

지구를 아프게 하는 물건들

.

.

지구를 아프게 하는 것들이 이렇게 많네요.

1. 배달 음식 일회용품 사용증가로 인해 지구가 빠른 속도로 오염되고 있습니다. 특히 플라스틱이 가장 문제입니다. 이러한 제품들은 사용 후 버려지면서 자연환경을 직간접으로 파괴하고 있습니다.

일회용품은 사용 후 버려지면서 매년 수많은 대기오염이 발생합니다. 플라스틱 제품은 자연분해가 되지 않기 때문에 매년 많은 양의 플라스틱이 바다에 버려지면서 해양 생태계를 파괴하고 있습니다. 자동차나 비행기와 같은 대중교통 수단은 대기 중에 배출되는 공해 물질로 인해 대기오염을 악화시키고 있습니다. 이러한 대기오염은 인체 건강에도 악영향을 미치게 됩니다.

석유제품을 사용하는 산업이나 화학물질을 대량으로 배출하는 산업 등도 지구를 아프게 하는 물건 중 하나입니다. 이러한 물건들은 자원 소모와 환경 파괴를 초래하므로 지속적인 관심과 주의가 필요합니다.

2. 산업에서 사용되는 화학물질은 대기. 수질. 토양 등 미세먼지가 증가합니다.

3. 자동차 항공기 배기가스는 대기 중 공해 물질을 방출하며 대기오염을 발생합니다.

4. 농약 및 인공 비료

농작물에 사용하는 농약과 인공 비료는 토지와 지하수 오염을 일으킵니다. 따라서 과도하게 사용하면 건강에 나쁜 영향을 줄 수 있습니다. 최대한 자제하고 소량으로 소비하고, 이런 점을 교육으로 방송으로 전달하여 사용하는 횟수를 최대한 자제할 수 있게 홍보해야 합니다.

그래야 조금이라도 지구가 덜 아프지 않을 것 같습니다. 우리의 작은 노력으로 지구가 변하는 것을 막아야겠지요.

참 행복해하면 되지?

인생에서 가장 중요한 것은 행복하게 살아가는 것,

많은 돈을 벌거나 명성을 얻는 것이 아니라,
자신이 진정으로 행복하게 살 수 있는 삶을
살아가는 것이 더욱 중요하다는 것.

자신의 가치와 좋아하는 것을 파악하고 즐겁게 생활하고
타인과 비교하지 않는 삶
인생에서 가장 소중한 것은 삶의 순간을 찾아서
감사하고 즐기는 마음.

자기 삶에서 가장 중요한 것은 무엇인가?
파악하고 그것을 위해 노력하면 이것을

통해 진정한 행복을 찾을 수 있다.

참 행복이란

건강하고 즐겁고 기분이 좋고 마음 뿌듯한 삶.

일상생활에서 웃을 일을 많이 만들고

맡은 영역에서 최선을 다하는 행동력

오늘도 감사합니다.

감사함으로 시작할 수 있어서

글을 쓸 기회를 주서서

누군가 왜 글을 쓴다고 묻는다면

재미있습니다.

행복합니다.

쓰는 동안 미소를 짓게 됩니다.

참 좋아서

꿈을 꾸면 이루어진다.

믿으세요.

자신을 무한 신뢰하세요.

믿는 만큼 나의 존재가 단단해집니다.

나는 하늘이 선택한 사람입니다.

하늘이 허락하면 모든 일이 가능하다.

온 우주가 나를 위해 움직이고 있다.

나는 잘 될 운명입니다.

빛나는 보석.

"정말 감사합니다."

"나는 참 행복해."

"못할 것도 없지."

"난 참 풍족해."

─ 사이토 히토리

우리 힘으로 할 수 있습니다

·

·

지구 온난화.

지구 온난화란 말 그대로 지구의 온도가 올라가는 현상을 말합니다. 기온이 올라가면 우리 생활에 어떤 영향을 미칠까요?

먼저 북극곰처럼 빙하 위에서 사는 동물에게는 치명적이겠죠. 또한, 불볕더위 같은 이상 기후 현상이 자주 발생하게 됩니다.

산불이 자주 발생하여 큰 피해를 줍니다.

해수면 상승으로 인해 섬나라, 해안지역에서는 큰 피해를 볼 수 있습니다. 그뿐만 아니라 식량 부족 사태, 질병 확산 등 다양한 문제가 발생하겠죠.

지구 온난화 원인은 화석 연료 사용증가 때문인데 화석 연료는 생물이 오랜 시간 땅속에 묻혀 화석처럼 굳어져 오늘날 연료로 이용하는 물질입니다.

우리가 사용하는 화석 연료 종류에는 석탄. 석유 등 여러 가지가 있습니다. 그중에서 석탄은 생물들이 땅속 깊이 묻힌 상태로 오랫동안 땅의 무게와 열을 받아서 만들어진 물질이죠. 주로 연탄과 화력 발전소나 공장의 연료로 사용하기도 합니다.

석유는 땅속에서 천연으로 나는 물질을 이용해서 만들어진 기름이에요. 검은색의 액체 그대로를 원유라고 하고 이 원유를 이용해서 휘발유, 등유·경유 등을 만든답니다.

석유는 옷을 만들 때나 자동차의 연료 등 여러 가지로 사용돼요. 석탄이나 석유와 같은 화석 연료는 우리 생활에 꼭 필요한 에너지 자원이지만 환경을 오염시킨다는 단점이 있어요. 따라서 화석 연료의 사용을 줄이고. 태양열. 지열. 풍력. 조력 들의 에너지 자원을 활용하기 위해 노력하고 있답니다. 화석 연료를 사용하면 이산화탄소가 발생합니다. [3]

화석 연료 (석유. 석탄) 사용증가. 산림파괴. 온실가스 배출증가.

대기 중에 방출된 이산화탄소는 태양열을 흡수해서 지표면으로부터 열을 반사시키는 작용을 하는 오존층을 파괴하고 다시

---

[3] 화석 연료 내용은 지식백과 천재학습 백과 용어사전 천재교육 제공

지표면에 도달한 태양열을 우주 공간으로 빠져나가지 못하게 함으로써 지구 온도를 높이게 됩니다.

지구 온난화 어떻게 해결해야 할까요?
우리 모두 일상생활 속에서 작은 실천이라도 해야 합니다.
가까운 거리는 걸어 다니기,
일회용품 줄이기,
쓰레기 분리수거 철저히 하기,
전기차 보급 확대,
신재생에너지 개발 활성화 등
정부 차원에서 정책지원 확대가 이루어져야겠죠.

에너지 절약은 지구 온난화 해결을 위해 필수적인 실천방법.
전등을 끄거나 일회용품 최대한 줄이고 재사용 가능한 제품을 사용, 친환경 교통수단 사용하기.

교통은 온실가스 배출의 주요 원인 중 하나, 대중교통을 이용하거나 자전거를 타는 것과 같이 친환경적인 교통수단을 선택하는 것이 좋습니다. 가까운 거리는 가능하면 걸어 다닙니다.

우리 힘으로 해결할 수 있습니다.

지구 환경 지킴이 1인으로서 실천하는 영상을 제작하여 홍보합니다.

지구 환경 지킴이 친구를 찾습니다.

chapter 9

멘탈과 집중력이 성공의 답이다

평범한 당신을 비범한 당신으로
바꾸어 주는 브레인 레벨업의 비밀!

— 황 지 영

황지영

현)멘탈브레인PT 대표
뇌과학 기반 집중력 훈련 멘토
포토리딩 속독 멘토

두뇌도 1:1 퍼스널트레이닝 시대
멘탈도 훈련하면 된다!
두뇌 능력도 속도도 훈련하면 된다!
마음을 먹기만 해서 되는 게 아니라
마음을 먹을 수 있게 해 주는 능력은
두뇌에서 나오는 것!
자신의 두뇌를 알고 스스로 훈련을 통해
레벨업 할 수 있도록 돕고 있습니다.

집중력이 필요한 시대!
멘탈브레인PT로 레벨업 하세요

.

.

자극 과잉의 시대. 온라인 시대를 거쳐 개인의 능력과 집중력이 필요한 시대를 우리는 함께 살아가고 있다. 점차 각종 매체와 편리한 기기들은 발전하고 사용되고 있다. 지금 당장 핸드폰만 뺏는다 해도 손과 발이 묶일 수 있다. 이런 시대에 우리와 우리 아이들은 매체와 각종 자극 환경에서 우리의 두뇌의 능력을 잃어가고 있다.

뇌과학기반 집중력 훈련센터인 멘탈브레인 PT를 운영하고 있다. 그러다 보니 매일 만나는 사람이 학부모와 학령기의 아이들이고, 또 스스로를 더 성장시키고 싶은데 어려움을 겪고 있는 성인들을 주로 만나고 훈련시키고 있다.

이제는 자극이 너무 많은 시대여서인지 각자의 두뇌 상황도

다 각각이다.

찾아오는 이유는 집중력이 부족해서, 속도가 느려서라고 하는데 와보면 각자의 두뇌 상황은 많이 다르다.

아이들은 누구나 공부를 잘하고 싶어한다. 엄마들은 아이들이 딴짓을 하고 집중하지 않는 것에 화를 내거나 채근할 때가 있지만, 아이들의 뇌파검사를 진행해보면 아이들이 일부러 그런 것이 아니라, 스스로 집중력을 유지할 능력이 없는 경우가 많다.

아이들이 산만하다는 학교 선생님의 전화를 받고 울고 오는 부모님들이 계시고, 아이들이 애를 쓰는데 그만큼 효과가 없이 공부하는 데 너무 오래 걸리기만 한다는 아이들이 안쓰러워서 오시는 분들도 있다. 때로는 서울대, 연세대, 고려대 갈 정도의 실력을 가진 최상위권 아이들이 사춘기를 겪으면서 멍해지고 이전같지 않은 컨디션이라 좌절하고 오기도 한다.

병원에서 근무하는 간호사 선생님들도 집중력이 유지가 안되고 업무에 어려움을 느껴서 온다. 직장에 불안을 느낀 직장인들이 다른 길을 찾기 위해 자격증을 준비하면서 오기도 한다.

금융전문 컨설턴트를 하시면서 어려운 시험을 준비하러 오시기도 하고, 퇴직후에 기억력이 예전같지 않다고 찾아오시기도 한다. 참 그동안 많은 아이들과 학부모님들, 또 어른들을 만나왔다. 동일한 공통점은 하나같이 두뇌의 능력과 컨디션이 마음같지 않다는 것이었다.

누구나 공부를 잘 하고 싶고, 누구나 자신의 분야에서 성과를 내고 인정받고 싶어한다.

인정의 욕구는 누구에게나 있고 이 욕구는 실질적인 성과와 함께 자존감으로 이어진다. 자존감은 여러 방면에서 볼 수 있지만. 자신의 상황에 따른 자존감은 그 상황에서 인정받는 것이다.

학생은 공부를 잘하는 것이 자신의 본분을 잘 지키고 자존감을 키울 수 있는 일이고, 직장인은 직장에서 업무를 잘 해내어 인정받는 것이 자존감을 키우고 지킬 수 있는 일이다.

당장 꿈이 없다. 하고 싶은 없다는 아이들을 자주 만난다.

청소년기가 질풍노도의 시기라고 하는데 멘탈브레인 PT에서 만난 아이들에게는 이렇게 말한다.

"지금 꿈이 없어도 돼. 하고 싶은 게 없어도 돼. 하지만 네가 하고 싶은 게 생길 때 못 해낸다면 그건 문제가 아니겠니? 그러니 그냥 할 수 있는 너의 능력만 갖추면 돼!"

자신의 두뇌 능력이 얼마나 큰지 모르기에 자기 자신에게 다정하지 못하고, 자신을 사랑하지 못하고, 자신을 인정하지 못하고 있진 않은가?

멘탈브레인PT에서는 훈련생들이 대단한 사람이 되길 바라질 않는다. 그냥 자신의 두뇌 능력을 잘 쓰고 편하게 살길 원한다. 스스로 멘탈과 집중력을 자신이 원하는 분야에서 잘 발휘하면서 살길 원한다. 그리고 자신의 능력으로 자신이 얼마나 괜찮은 사람인지, 멋지게 살아갈 수 있는 사람인지 알길 원한다.

세상에 늦은 일이란 없다. 안 되는 일이란 없다. 다만 시간이 필요하고, 자신의 속도대로 하나씩 차근차근 쌓아가는 과정이 필요한 것뿐이다.

멘탈브레인 PT는 대단한 사명감으로 시작한 일은 아니었다. 그러나 나 자신이 몸이 아프고 마음이 아팠을 때 뉴로피드백이란 뇌과학으로 훈련하는 기술을 익혀서 내가 원하는 집중력을 유지할 수 있게 되었고, 많은 훈련생들이 이 과정을 통해서 각자의 상황에서 자신의 속도대로 나아지는 걸 보면서 점차 뿌듯함과 사명감을 느끼게 되었다.

그러다 보니 이제는 1:1 두뇌 퍼스널 트레이닝으로 자신의 능력을 알고 키우며 자신이 선택하고 창조하는 삶을 살아가게 도와주고 싶은 마음으로 이 일을 키우고 있다.

감히 말할 수 있다.

멘탈브레인PT를 만나기 전과 후의 당신의 삶은 분명히 다를 거라고!

자신이 얼마나 능력이 있는지, 멋진 삶을 살아갈 수 있는지 알아가길 간절히 원한다.

이제부터는 왜 멘탈브레인 PT인지 말해주고 싶다.

멘탈과 집중력이 공부의 답이다!

이제는 두뇌도 1:1 퍼스널 트레이닝 시대!

공부하기 전에 딱 30분 두뇌PT, 학원가기 전에 딱 30분 두뇌PT, 이 문구들이 멘탈브레인PT의 슬로건이다.

문구를 정할 때 참 많은 고민들을 했는데. 지금도 변함없이 잘 지었다고 생각한다.

어떤 분야에서든 고도의 집중과 몰입을 해낼 수 있으면 그 분야에 성과가 반드시 생긴다. 그렇다면 어떻게 고도의 집중과 몰입 상태를 만들어 낼 수 있는가? 어떤 분야에서든 자신의 능력을 나타내기 위해서는 제일 중요한 것은 먼저 그 분야와 업무, 또는 공부 분야에 대해서 제대로 아는 것이다.

모든 본질은 제대로 아는 것에서부터 출발한다. 본질적인 지식과 능력이 습득되지 않으면 본질이라 말할 수 없을 것 같다. 그리고 제대로 된 방향으로 집중하면서 몰입하면 된다.

그러나 쉽지만은 않다. 집중력이 있다면 누구나 자신의 분야에서 성과를 낼 수 있다.

이 시간 당신은 집중하고 있는가? 아니 집중이 되는가? 이 시간도 이 글에 집중하고 싶지만 안 될 수도 있다. 나는 집중력을 잘 유지하고 싶은데 나의 머리는, 나의 마음은 집중력과는 거리가 멀 때가 너무 많다.

학생이 학교에서 또는 학원에서 공부에 잘 집중할 수 있다면 어떨까? 직장인이 자신의 업무에서 잘 집중할 수 있다면 어떨까? 수험생이 공부할 때 집중할 수 있다면 어떨까? 사랑하는 사람들에게 귀를 기울이고 마음을 기울여서 함께 해 나갈 수 있다면 어떨까?

이 모든 일들에 집중력이 필요하다.

고도의 집중력이 아니더라도 자신이 원하는 부분에 집중을 할 수 있고 끝까지 유지해 낼 수 있다면 누구나 성과를 낼 수 있다는 것을 알고 있다. 그러나 현실은 마음처럼 그렇지만은 않다. 고도의 집중을 갖는 것도, 유지하기도 쉽지가 않다.

왜 그럴까?

누구나 공부 잘하고 싶어 하고, 누구나 성공하고 싶은 마음으로 물론 각자의 기준이 다르겠지만 나름대로 자신의 삶을 더 멋지게 행복하게 살아가고자 하는 마음을 가지고 있다. 그러나 생각보다 마음대로 되지 않아서 다들 애쓰고 살거나 고민하고 싶거나 좌절을 하기도 한다.

그런데 누구는 되고 누구는 안 되는 차이는 어디서 오는 걸까? 대부분 원인을 머리를 탓하기도 하고, 자라온 환경을 탓하기도 하고, 자신의 부족한 의지력을 탓하기도 한다. 때로는 자신의 건강이나 컨디션 탓을 하기도 한다.

이 모든 것에 공통되는 단어는 '탓'이다.

탓한다고 해결되는 것이 아니기에 탓보다 원하는 일이나 원하는 곳에 집중하는 능력을 갖는 방법이 어떤 것인지 중요하다.

그렇다면 우리가 원하는 능력을 갖고 싶다면 어떻게 해야 하는 것인가?

이런 말을 많이 들었을 것이다!

멘탈이 중요하다! 집중력이 중요하다!

어떤 상황이든 멘탈과 집중력을 알맞게 유지할 수 있다면 성공할 수 있지 않을까? 모든 일의 승패는 멘탈과 집중력이라고도 볼 수 있다. 그러면 성공하는 뇌. 공부하는 뇌의 비밀인 멘탈과 집중력은 어디서 오는가?

결론부터 말하자면 두뇌의 능력이다.

그러기에 앞서서 자신의 두뇌의 능력을 정확히 알고 어느 부분에서 자신의 불편함과 어려움이 오는지 아는 것이 중요하다. 자신과 자신의 두뇌를 아는 것부터가 시작이다!

먼저 쉬운 방법으로 최근 일주일간의 두뇌 컨디션을 체크해 보자.

1. 요즘 기분이나 컨디션이 어떤가?
2. 새로운 일을 배우거나 새로운 정보를 습득하는 것이 어렵게 느껴지진 않는가?
3. 이전보다 업무나 공부를 처리하는 데 더 오래 걸리는가?
4. 특정 일에 대해서 의견을 바꾸거나 적극적으로 참여하는 것이 더 어려워졌는가?
5. 현재 강한 스트레스를 느끼고 있는가?
6. 깊은 잠을 자거나 충분히 휴식을 취했음에도 지속적인 피로감을 느끼는가?
7. 말을 하거나 글을 쓰는 것이 어렵게 느끼는가?
8. 기분이 자주 우울하거나 불안한 상태에 놓이는가?
9. 시력이나 청력이 최근에 갑자기 떨어졌거나 변화가 있는가?

여기서 몇 가지나 해당하는가? 3가지 이상만 되어도 컨디션이 편하지 않은 상태이고, 5가지 이상이면 자신을 돌아보는 데 관심을 갖길 바란다.

계속 반복될 수 있는 말이지만, 어느 누구보다 자기 자신에게 가장 다정한 사람은 자기 자신이 되길 바란다.

두뇌는 이성, 감정, 판단, 실행까지 모든 일에 있어서 총사령탑이다. 뇌가 편안하지 않으면 일도 공부도, 정서 상태도 편하지 않다. 마음먹어도 잘 되지 않을 때가 많은데 우리의 두뇌는 나의 의사와 상관없이 자신의 능력치만큼 움직인다. 정보처리기관이기 때문에 사실과 상상조차도 구분하지 못한다.

그러나 두뇌 능력만큼 성과가 나기 때문에 잘 아는 것은 너무 중요한 일이다.

멘탈브레인 PT를 찾는다면 일명 집중력 뇌파검사라고 부르는 뇌기능분석검사를 먼저 받게 된다. 이 검사를 통해서 자신의 두뇌에 대해서 하나하나 알 수 있는데, 자신의 두뇌 능력과 속도, 좌우뇌 밸런스, 수면과 컨디션, 자기 조절능력까지 알 수 있다.

자신의 두뇌 능력을 십분 잘 활용하고 산다는 것이 얼마나 대단한 일인지 모르겠다.

집중하고 싶을 때 딱 집중하고, 쉬고 싶을 때 딱 쉴 수 있는 두뇌 능력이 최고가 아닌가? 이 글을 통해서 자신의 두뇌를 알고 하나하나 집중해내는 방법을 배워가길 원한다.

요즘 브레인포그(BRAIN fog) 현상을 겪는 사람이 많다고 한다. 말 그대로 두뇌에 안개 낀 것처럼 멍한 느낌이 지속돼 생각과 표현을 분명하게 못하는 상태를 말하는데, 연관되는 증상으로는 집중력 감소, 기억력 저하, 피로감, 우울 등의 증상을 동반하고 방치할 경우에는 치매 발병 위험이 높아진다고 한다.

주요 원인으로는 스트레스와 수면의 질 저하, 음식 알레르기, 호르몬 변화 등으로 발생하며 집중력 감소와 기억력 저하, 피로감, 우울, 식욕 저하 등의 증상을 동반한다. 빈혈이나 갑상선기능저하증 등의 질병도 브레인 포그 증후군의 한 형태다.

병원에서 치료해야 하는 원인인 경우에는 치료를 받는 것이 당연하고, 두뇌 컨디션과 자신의 학업과 성취에 불편한 부분이 있다면 두뇌 훈련을 통해서 개선할 수 있다.

안개 낀 도로를 운전해 보았는가? 차가 아우디나 벤츠쯤 된다 해도 안개가 자욱히 끼어 있으면 제 속도를 내기가 어렵다.

이처럼 우리의 두뇌도 안개 낀 도로 같은 것에 속도를 내어 주질 않는다.

그렇다면 도로의 안개를 걷어보자.

두뇌 컨디션을 좋게 하는 방법은 있을까? 뇌과학으로 본 우리의 두뇌에 대한 이야기를 먼저 해보자.

두뇌는 인간의 중추 신경계의 일부로, 인체의 모든 기능과 행동을 조절하는 중심 역할을 한다. 뇌는 전기 활동과 화학적 신호에 의해 작동되고, 그 작동 방식은 매우 복잡하고 다양하다. 두뇌는 정보 처리 기관으로 오감 등의 자극을 통해 들어오는 정보들이 수집되고 처리되는 기관이다. 뇌는 다양한 영역으로 구성되어 있고, 각 영역은 특정한 기능을 담당하게 된다. 여러 가지 방면으로 뇌를 살펴보고 나누어 볼 수 있지만, 뇌의 기본은 뉴런이라는 신경세포로 이루어져 있고, 이들이 태어날 때부터 천억 개 이상을 갖고 태어나게 된다. 이들이 서로 연결되어 뇌회로를 형성하게 되는데, 이때 뉴런의 통신이 시냅스에서 이루어지고 신호가 전달되면서 뇌신경망이 형성되게 된다고 밝혀져 있다.

최근 두뇌의 문제로 일어나는 현상이 많이 있다. 그런데 두뇌 문제인지 모르고 다른데서 문제를 찾는 경우가 종종 있고는 한다. 주로 피곤하다. 졸립다. 집중이 안된다. 하기 싫다. 기분이 좋지 않다. 이런 여러 가지 느낌을 받는 경우가 많은데, 실상 두뇌에서는 집중력을 많이 놓쳐버린 상태이다.

이런 뇌의 컨디션만 잘 유지할 수 있어도 자신의 능력을 잘 발휘할 수 있는 기본적인 바탕이 된다. 뇌는 24시간 쉬지 않는다.

그렇다고 24시간 집중이 잘 되지도 않는다. 매순간 자신이 원할 때 편안하게 집중해내는 능력만 있으면 된다.

멘탈과 집중력이 공부의 답이라는 이유

.

.

　삶에서 어떤 일이든 몰입할 수 있는 능력이 있다면 못 해낼 일은 없다. 각 분야에서 멋있게 자신의 삶을 꾸려가는 사람들은 기본적으로 자신의 분야에서 몰입하는 능력을 갖고 있다. 원하는 것이 있는데 해낼 수 있는 능력이 없다면 어떨까? 정말 그림의 떡이라는 표현이 이럴 때 쓰는 것이 아닐까? 그렇다면 나의 집중력은 어떠한가? 나의 몰입 능력은 어떠한가? 의지력은 어떠한가? 나는 내가 원하는 것에 집중해내는 능력이 있는가? 내가 노력한 만큼 성과가 나는가? 중요하다는 것은 아는데 어떻다고 말하기는 쉽지 않을 수 있다. 내가 선택한 일이나 공부에 대해서 집중을 유지하는 것과 그것을 끝까지 해내는 힘은 멘탈에 해당한다. 그렇다면 뇌에서 집중하는 능력과 몰입하는 능력과 의지력을 척도로 측정할 수 있는 방법이 있을까? 그렇다. 나의 정성적인 부분이 아니라 뇌과학 기반 검사로 정량적인 수치로 현재의 두뇌의 능력과 컨디션 등을 알 수 있다. 뇌기능검사라고도 한다. 멘탈브레인 PT를 운영하다 보니 주로 학령기에 있는 아이들과 부모님을 자주 상담하게 된다. 집중력에 대한 뇌파 검사와 상담을 하다 보면 아이와 함께 찾아온 부모님들에게 자주 듣는 말은 아이가 공부에 흥미가 없어요. 공부를 재미없게 생각해요. 시키지 않으면 하지 않아요. 빨리 공부하고 일어나면 되지 딴생각하느냐고 오래 걸려요. 집중력이 없어요 등이다. 수많은 아이들에 대한 부정적인 또는 걱정하시는 말씀을 많이 하신다. 이때 아이들은 굉장히 억울해 한다. 그럴 때 아이들을 검사해보면 이렇게 나올 때가 많다. 집중하기 싫은 것이 아니라 집중할 수 없는 상태라고. 그래서 우리 친구는 집중하기 싫은 게 아닙니다. 집중이 안 되는 상태입니다. 아이들에게는 너도 공부 잘하고 싶지? 빨리 숙제하고 쉬고 싶지? 그런데 잘 마음대로 안 되지? 라고 물어보면 모두가 맞아요! 그래요! 라고 말합니다. 어떤 아이들은 그동안 부모님들께 억울했던 마음에 서러움이 올라왔는지 눈물을 보이기도 한다. 내 마음대로 집중이 안 되는 상태인 것이다. 아이들 또는 검사 대상자들을 상대로 집중력을 알아볼 때 뇌과학 기반으로 집중력 뇌파검사(뇌기능분석검사 BFM)를 진행을 하게 되는데. 이 검사를 통해서 자신의 두뇌의 현재 발달상황과 집중하는 능력, 휴식하는 능력, 자기조절력, 신체적, 정서적 스트레스 상황까지도 알 수 있다. 모든 장기에는 주파수가 있다. 1초에 몇 번 뛰는지도 알 수 있는데, 사람의 두뇌는 그 연령대에 맞게 일정한 기준 주파수가 주어진다. 그 기준에 맞게 일정한 속도로 뛰고 있다면 학습이든 업무든 큰 어려움을 느끼지 않는다. 오히려 그보다 빠르게 뛰면 학습이나 업무 능력 면에서 수월한 측면이 있다. 대신 예민하기도 하다. 반대로 그보다 느리게 뛰면 학습과 업무 능력에 있어서 한 번에 기억하지 못한다든지, 여러 번 말해 줘야 알아듣는다든지 하는 경우가 생긴다. 아이들을 예로 들면 숙제를 오래하는 것이다. 어른들의 기억력은 예전 같지 않아서 건망증이나 치매가 오는 것 같다는 말씀을 하시곤 한다.

멘탈과 집중력이란?
(진짜 집중력 vs. 가짜 집중력)

．
．

당신의 멘탈은 어떤가?

멘탈(mental)이란 생각이나 판단하는 정신을 말하는데, 요즘은 자신은 유리멘탈이다, 멘탈지진이 온다, 멘붕(멘탈붕괴) 상태다라고 스스로 말하는 사람이 많다.

그러나 반대로 멘탈갑(甲)이라 불리우는 사람도 있다. 그렇다면 멘탈과 집중력은 같은 말인가? 멘탈이 생각이나 판단하는 정신이라면, 집중력(集中力)은 마음이나 주의를 집중할 수 있는 힘이다.

그러면 집중(集中)이란 무엇인가?

말 그대로 한곳에 모이거나 한 가지 일에 모든 힘을 쏟아 부음을 말한다. 집중력은 공부든 업무든 행할 수 있는 상태이고, 멘탈은 집중력이 떨어지지 않도록 지속적으로 해야 할 이유와 의미를 주고 계속 집중력 있는 상황을 지속할 수 있게 해주는 힘이다. 흔들림 없는 멘탈은 분야에서 원하는 일을 끝까지 수행할 수 있는 에너지를 대주는 것과도 같다. 어른들이 말하셨듯이 건강한 육체에서 건강한 멘탈이 나온다는 말도 틀린 말이 아니다.

멘탈은 건강한 육체와 건강한 정신이 만나야 제 길을 찾아서 유지할 수 있다. 특히 자신이 어떤 길을 가고 있는지, 자신이 어떤 것을 원하는지 정확히 알지 못한다면 건강한 육체를 갖고 있다 해도 마음이 방황하게 되고 멘탈도 흔들리게 된다.

성공하는 사람들은 흔들리지 않는 멘탈을 가지고 있다. 공부를 잘하는 아이들의 대부분이 흔들리지 않는 멘탈을 가지고 있다. 여기서는 강력한 초인적인 멘탈을 가지라는 말이 아니다. 스스로 원하는 것에 집중하고 성과낼 수 있는 흔들리지 않는 정도의 멘탈을 말하는 것이다.

그러기에 먼저 멘탈력 유지에는 본질을 아는 것이 너무 중요하다. 본질을 아는 것은 내비게이션이 있는 것과 같다.

내가 어디로 가야 하는 건지, 어떻게 가야 할지를 알고 가는 것과 마찬가지다.

내가 공부를 왜 하는지, 내가 직장을 왜 다니는지, 어떤 의미와 가치를 가지는지, 이 길을 통해서 내가 어디로 가고 있는지를 하나하나 목적지를 찍고 가는 내비게이션처럼 알고 있어야 멘탈력은 유지될 수 있다.

이 시간 나는 어떤 목적으로 이 글을 읽고 있는지 말이다.

억지로 유지되는 멘탈이 좋은 성과를 낼 수 있을까? 성과를 낼 수는 있으나 마치 마른 행주에서 물을 짜듯 힘들지 않을까? 그래서 행복하고 편안한 멘탈이 유지되었으면 하는 바람이 있다. 그래서 멘탈브레인 PT에서는 자신의 두뇌의 능력을 잘 쓰고 살길 바라는 마음으로 아이들부터 성인까지 한 명 한 명 만나가고 있다.

집중력에도 진짜 집중력 vs 가짜 집중력이 있다. 멘탈브레인PT로 상담 문의가 올 때 학부모님들께 제일 많이 듣는 말이 '집중력이 없어요', '집중을 못해요', '좋아하는 일은 집중하지만 나머지는 그 외에는 어려워요', '공부 시작은 잘하는데 금방 딴 짓을 해서 오래 걸려요', '빨리 집중하고 끝내고 빨리 쉬면 될 텐데 왜 그러는지 몰라요'이다.

결론부터 말하자면 집중력은 하나가 아니다. 그리고 진짜와 가짜가 있다.

먼저 주의력과 집중력을 혼동하지 말자.

주의력과 집중력은 다른 말이다. 주의력(注意力)이란 어떤

한 곳이나 일에 관심을 집중하여 기울이는 힘이고, 집중력은 그 상태를 유지하고 지속하는 힘이라 순서가 있다.

주의력을 발휘해서 공부를 시작해야 문제를 풀거나 글을 읽을 수 있는 상태가 되고 그것을 일정시간 학습해낼 수 있는 힘이 집중력이다. 공부하는 학생으로 말하자면 공부를 시작하는 힘, 더 쉽게 말하자면 초반 집중력 정도로 이해해도 좋을 듯하다. 아이들이 공부하는 걸로 보자면 공부할까? 그러면 네~ 하고 바로 앉아서 시작할 수 있는 아이가 있다. 그러나 앉은 지 얼마 안 되었는데 금방 딴짓을 하거나 멍해져서 계속 공부나 숙제가 끝이 안 난다. 이런 상황을 주의력이 좋은데 집중력이 부족한 상황이라고 보면 된다. 반대로 공부나 숙제하러 앉는 것 자체가 힘든 아이가 있다. 알았다고 말만 하고 이리저리 돌아다니는 아이들. 또는 앉아서 초반에 바로 집중이 안 되는 아이들, 그러나 앉아서 일단 시작하면 쭉 엉덩이 붙이고 해내는 아이들. 이런 아이들이 주의력은 부족한데 집중력이 좋은 아이들이다. 제일 좋은 건 어떤 걸까? 주의력이 빠르게 생겨서 빨리 시작하고 깊게 집중해서 몰입하고 빠르게 끝낼 수 있는 힘이 아닐까? 그리고 이런 상황을 스스로가 조절해낼 수 있어야 한다. 그걸 자기조절력이라고 한다. 아이들에게 제일 중요한 능력은 자신을 스스로 조절할 수 있는 능력이라고 생각한다. 그러나 이 또한 그냥 마음 먹었다고 나오는 것이 아니라서 문제다. 이 모든 능력은 두뇌에서 나온다. 그러나 금방 시작하고 금방 지치는 사람. 딴데로 생각이 흐르는 사람. 엉덩이가 들썩들썩한 사람이 있다. 그래서 숙제를 채 못 마치거나 그만하고 싶고 지친다는 생각이 들거나 성인인 경우 일하다가 카톡 울림에 잠깐 본다는 게 쭉 프사에 머물러 있거나 유튜브에서 필요한 정보나 잠깐 영상 하나 봐야지 하다가 알고리즘에 순간 정신을 놓고 한두 시간씩 머물러 있는 자신을 보게 되는 것이 어렵지 않다. 주의력과 집중력은 비슷한 듯 하면서도 약간의 차이를 갖고 있다. 주의력은 어떤 일에 대한 관심을 집중하는 능력으로, 주어진 일에 대해 중요한 정보를 필터링하고 다른 것들을 배제하여 집중할 수 있도록 도와준다. 예를 들어, 시험공부를 하면서 주변에서 다른 소리나 사물들이 들리더라도 그것들을 무시하고 공부에 집중하는 것이 주의력이다. 반면, 집중력은 일정한 시간 동안 하나의 일에 노력을 집중하는 능력이다. 집중력은 주의력과 함께 일하는데, 주어진 일에 대한 집중력을 유지하는 것이 중요하다. 예를 들어, 시험을 보면서 주어진 문제를 해결하는 데 집중하는 것이다.

주의력과 집중력을 향상시키기 위한 몇 가지 방법이 있다.

첫 번째로는 피로 회복 및 휴식이다. 충분한 수면과 휴식을 취하여 피로를 회복시키는 것이 가장 중요한 기본 중의 기본이다. 사람에게 수면은 마치 핸드폰 배터리 충전과도 같아서. 그냥 잠만

잔다고 되는 것이 아니라 수면의 질이 많이 중요하다. 뇌파 검사를 통해서 수면의 질을 어느 정도 확인할 수 있는데 수면이 불안정한 경우에는 두뇌 컨디션이 떨어져서 공부나 일을 할 때 원하는 수준의 집중도가 나오질 않는다. 수면과 휴식의 중요성은 말할 것 없이 입증된 자료와 논문이 많은데 두뇌 기능과 인지능력에 큰 영향을 미치는 것으로 알려져 있다. 수면부족이나 부족한 수면의 질이 두뇌 기능 및 학습에 부정적인 영향을 미친다는 것을 보여주고 있는데 그 예로는 집중력 저하, 기억력 감퇴, 학습 능력 저하 등이 있다. NeuroImage라는 학술지에서 발표된 한 연구에서는 수면 부족이 뇌의 인지 능력과 작업 기억력에 부정적인 영향을 미친다는 것을 보여주었다. 이 연구에서는 수면 부족이 뇌의 혈류와 대사 활동을 저하시켜 작업 기억력을 저하시키는 것으로 나타났고, 수면 부족으로 인해 인지 능력에 미치는 부정적인 영향은 성인뿐만 아니라 아동과 청소년에서도 관찰되었다. 또한, 한 연구에서는 출근 전날 수면 시간과 출근 당일의 두뇌 기능과의 상관관계를 조사했는데. 이 연구에서는 출근 전날 수면 시간이 충분하지 않은 경우, 출근 당일의 인지 능력과 집중력이 저하되는 것으로 나타났다. 즉, 출근 전날 충분한 수면을 취함으로써 출근 당일 뇌 기능과 컨디션을 유지할 수 있다는 것이다. 또 다른 연구에서는 수면 질이 좋지 않은 경우, 뇌의 혈류와 대사 활동이 감소하고 이로 인해 인지 능력이 저하되는 것으로 나타났다. 이러한 결과는 수면 질이 뇌의 컨디션에 큰 영향을 미치는 것을 보여주는 결과이다. 밤새 핸드폰을 충전했는데 아침에 겨우 50%만 충전이 되었고, 그대로 일을 보러 나가야 한다면 어떠한가? 불안하지 않은가? 우리의 수면은 마치 스마트폰의 50% 충전된 배터리와도 같다. 수면과 휴식은 마치 인생에서는 저축통장과도 같다. 쓸 것 다 쓰고, 남은 것만 저축하면 늘 쪼들리고, 자산이 늘지 않고, 가난을 면하지 못하는 것처럼 수면과 휴식은 저축처럼 시간과 양질을 확보하고 유지하는 노력을 하면 점차 쌓여서 최적의 컨디션을 갖고 자신의 기량을 발휘할 수 있게 된다. 공부나 업무에서도 두뇌를 써야 하고 생각과 창의력을 발휘해야 하는데 몸이 지치고 피로도가 쌓인 상태에서는 주의력과 집중력이 떨어지기 마련이다.

두 번째로, 목표 설정 및 계획을 세우는 것이 중요하다. 앞에서 말한 것처럼 내가 무엇을 원하는지, 어떤 것에 집중하길 원하고 성과를 내기 원하는지 명확한 목표를 세우는 것은 두뇌에 깃발을 꽂는 것과 같다. 그리고 그것을 달성하기 위한 계획을 세우는 것이 중요하다. 아무리 목표에 깃발을 꽂는다 할지라도 구체적인 실행 계획을 통해 목적에 맞는 일에 시간과 주의를 기울여서 집중하지 않는다면 성과를 내기가 쉽지 않을 것이다. 항상 내가 이 시간 집중하고자 하는 것이 무엇인지 돌아봐야 한다. 많은 자기 계발서나 강사들의 말을 들어 보면 시간별로 계획하고, 돌아보고, 하루에 3번씩 목표를 쓰거나 또는 100번씩 목표를 시각화해서 쓰기도 한다. 어떤 방법이든 좋다. 안 하는 것보다는 모든 것이 낫다. 그러나 나의 경우에는 오히려 방해가 될 때가 많았다. 그러나 자주 돌아보는 것은 그 이상의 의미가 있었다. 자신을 바라보는 메타인지로 인해 자신의 목적지로 가는 길을 도와주어 성과를 낼 수 있도록 돕는다.

세 번째로는 분산된 주의 피하기이다. 현대는 너무 주의를 흩트리는 환경에 노출되어 있다. 가만있지 못하도록 자극에 자극을 준다. 가만히 있어도 차부터 음악까지 각종 소음이 엄청나다. 그뿐 아니다. 눈 떠서 눈을 감는 순간까지 핸드폰을 보고, 듣고, 메신저로 연락을 하고, SNS를 쳐다보고, 뉴스를 보고, 유익한 책을 보기도 하고, 노트북이나 태블릿으로 일을 한다. 하루 종일 노출에 노출이 더해지는 것이다. 그렇다면 우리의 뇌는 어떨까? 쉬지 않는다. 적어도 낮에는 자극을 잘 받아들여서 공무나 업무에 집중하게 해주고, 해가 떨어지면 자극을 줄여서 휴식과 수면에 이르게 해주고, 자는 사이에는 정보를 처리하고 정리하는 작업을 해야 한다. 그러나 우리는 낮이나 밤이나 각종 자극에 노출이 되어 있다. 공부하고 싶어도 옆에 놓인 핸드폰이 신경이 쓰이고, 메시지에 바로 답을 해야 할 것만 같다.

주변정리도 필요하다. 공부를 하고 싶고 업무를 잘하고 싶다면 주변을 돌아보라. 나의 방은 어떤지, 나의 책상은 어떤지. 뇌에는 시각피질이 넓게 깔려 있다. 그러다 보니 견물생심이라는 말처럼 눈에 걸리면 집중을 유지하기가 쉽지 않다. 원하는 것에만 집중하고 싶다면 눈에 걸리지 않도록 정리정돈을 하든지 또는 다른 쪽으로라도 피해 놓는 것이 좋다. 핸드폰이나 태블릿 등 자극이 있을 만하거나 신경이 쓰일 만한 물건들은 잠금 기능을 이용하거나 다른 곳에 놓을 필요가 있다. 뇌는 정보처리 기관이다. 처리할 정보가 자꾸 들어오면 집중이 흐트러지는 것은 당연한 이치이다.

네 번째로는 명상과 깊은 호흡이다. 명상과 깊은 호흡은 스트레스를 줄이고 뇌에 산소를 공급하여 주의력과 집중력을 향상시켜주는데 특히 명상과 호흡은 몸을 이완시키고 스스로 몸에 집중함으로써 주의를 나와 이 순간에 돌리는 제일 빠른 방법이다. 수행자의 뇌파를 측정해보면 그림같은 집중력을 볼 수 있는데 집중력이라고 해서 과도한 각성상태가 아니라 편안한 집중이 유지되는 상태로 볼 수 있다. 자신의 몸에 주의를 기울이고 눈을 감고 호흡을 천천히 하는 것만으로도 빠르게 주의 집중을 이끌어 낼 수 있다. 우리의 몸 중에서 유일하게 내가 스스로 조절할 수 있는 것은 호흡뿐이다. 맥박도 체온도 항상성 유지를 위해서 뇌가 스스로 조절하고 있다. 그러나 호흡만이 사람이 스스로의 의지로 조절해서 만들어 낼 수 있는 상태이다. 다섯 번째로 뇌파 트레이닝이다. 뇌파를 측정하여 개인의 뇌 상태를 파악하고, 이를 이용하여 집중력과 주의력을 개선하는데 사용되는 뇌파 트레이닝 기술도 있는데 이 다음 챕터에서 자세히 뇌파트레이닝에 대해서 다루어 보도록 하겠다.

뇌과학으로 만나는 집중하는 뇌의 비밀

·

·

우리의 뇌는 이렇다. 크게 3층 구조로 이루어져 있는데 제일 마지막 층에는 생명을 유지해주고 조절해주는 생명의 뇌이고, 중간에는 감정과 본능의 뇌라고 한다. 그리고 가장 윗층이 가장 이성적이고 고도의 뇌라고 한다. 사람은 태어날 때부터 천억 개 이상의 뇌세포를 가지고 태어난다고 했다. 엄마 뱃속에서부터 보고 듣고 느끼고 배운다. 그래서 아이들의 손가락, 손바닥 피부의 문형에서 타고난 두뇌유형 성향을 알 수 있는 유전자 지문 분석 검사에서는 아이들이 엄마 뱃속 3~6개월 사이에 태교의 영향으로 만들어진 영향으로 지문의 형성을 본다. 여러 가지 말이 떠돌지만 지문에는 타고난 정보가 담겨 있는 것은 맞다고 본다. 특히 아이들 손가락, 손바닥 지문에는 타고난 성향, 재능이라 불리우는 우수지능들을 볼 수 있는데. 그 중에서도 타고난 스트레스 지수가 가장 유용하다고 생각이 든다. 요즘 아이들에게는 너무 골고루 영역별 학습을 시키다보니 어떤 부분이 타고나서 장단점을 분별할 수가 없다. 어차피 골고루 영역별로 학습을 많이 시키기 때문이다. 그러나 스트레스 영역은 그렇지 않다. 엄마 뱃속부터 갖고 있는 예민하게 반응하는 영역이 있어서 나도 모르게 그 부분에 자극이 되면 스트레스는 받게 된다. 보통 사람들은 이렇게 말하곤 한다. 뭘 그런 걸 가지고 그래~ 그냥 잊어버려! 또는 별것도 아닌 것에 왜 그렇게 신경을 써! 등. 그런데 스트레스는 머리로는 알고 이해하려고 하지만 그냥 감정으로 예민하게 느껴지고 그냥 발생한다. 그러기에 자신의 두뇌의 발달은 이미 엄마 뱃속부터 시작했다고 하는 게 맞는 말이다. 그래서 우리나라는 다른 나라와 달리 태교의 중요성을 알았던 나라로 이미 뱃속 10달의 교육을 한 살의 나이로 계산해 왔다. 이제 곧 없어질 나이라 아쉽기도, 한 살이라도 어려져서 좋기도 하다. 우리의 두뇌는 가소성이 있다. 최근에 많이 알려지고 있다고 본다. 뇌는 얼마든지 원하는 대로 젊어질 수도 개발할 수도 있다는 건데 실제로 두뇌 훈련을 통해서 좋아진 사례가 너무 많다. 우리의 뇌가 가장 컨디션 좋은 상태로 최적화된다면 어떨까? 내가 공부하고 싶을 때 딱 공부해내고, 숙제하려고 할 때 딱 원하는 시간만큼 빠르게 집중하고 끝낸다면 말이다. 직장에서 업무를 할 때 빠르게 업무에 집중해서 처리를 할 수 있다면 어떨까? 빠른 업무 수행력과 집중력으로 인정받는 삶이 시작되지 않을까? 우리의 두뇌는 대단할 필요는 없다고 본다. 그러나 스트레스 받거나 지치거나 노화되지 않게 조절할 수 있고, 가급적 편안한 상태로 집중하는 뇌 상태로 만들 수 있다. 그렇다면 우리의 뇌에는 어떤 일이 일어나고 있을까? 뇌파란 뇌에서 발생하는 전기 신호로, 전극을 이용해 측정할 수 있으며, 이를 뇌파 검사라고 한다. 일반적으로 뇌파 검사는 신경학적 질환, 수면장애, 뇌손상 등의 진단에 사용되기도 하는데 훈련센터에서는 뇌파를 이용한 검사를 통해서 뇌 기능과 노화도, 주의력, 집중력, 좌우 뇌 밸런스 등을 볼 수 있다. 이를 통해서 자신에 맞는 뇌파를 훈련할 수 있도록 훈련 프로그램을 제시한다. 뇌파 트레이닝은 뇌파를 이용한 훈련 기술로, 뉴로피드백 기술이라고도 한다. 뇌파 상태를 측정하고 분석하여 특정 뇌파 주파수를 증가시키거나 감소시키는 방법으로 뇌 기능을 개선하는 것이다. 뇌파 트레이닝은 다양한 방법으로 구현될 수 있으며, 대표적인 방법으로는 바이오 피드백 (biofeedback)을 이용한 방법과 뇌파 주파수를 조절하는 음악이나 게임을 이용한 방법이 있다. 뉴로피드백 방법은 전극을 사용하여 뇌파를 측정하고, 이를 화면이나 소리 등으로 시각적, 청각적으로 피드백해주는 방법으로 이를 통해 개인은 뇌파 상태를 인지하고, 의도적으로 뇌파 주파수를 변화시키는 방법을 배우고 연습할 수 있게 된다. 음악이나 게임을 이용한 뇌파 트레이닝 방법은 음악이나 게임을 이용하여 뇌파 주파수를 조절하도록 하는 방법이다. 예를 들어, 집중력을 개선하고자 하는 경우, 집중력을 개선하는 뇌파 주파수를 높이면서 음악이나 게임을 즐기는 것으로도 훈련이 된다. 뇌파 트레이닝은 집중력, 기억력, 능력 향상, 스트레스 감소 등 다양한 효과를 가질 수 있다. 그러나 뇌파 트레이닝은 전문적인 지식과 경험이 필요하며, 개인별로 효과가 다를 수 있다. 뇌파 트레이닝을 시도하기 전에 전문가와 상담하고, 신중한 판단이 필요하다.

뉴로피드백과 학습이 만났다

.

.

　　뉴로피드백으로 두뇌의 밸런스를 조절할수 있다면 함께하는 학습은 인지능력과 어휘력을 높여서 더욱 효과를 높일 수가 있다. 멘탈브레인PT에서는 뉴로피드백으로 뇌파 트레이닝을 하는 과정과 함께 좌우뇌밸런스를 맞추어 주고 활용하는 두뇌학습 훈련이 있다. 인간의 뇌는 오른쪽, 왼쪽으로 나누어 좌뇌, 우뇌로 불리게 되는데 두 뇌의 역할 수행이 차이가 있다. 이런 다른 역할의 두 뇌가 상호작용하면서 뇌기능을 조절하게 되고, 이 두 뇌 반구는 서로 연결되어 있어, 양쪽 뇌를 통해 정보가 교류된다. 하지만 두 뇌 반구의 기능이 불균형해지면 뇌 기능이 저하될 수 있다. 좌뇌는 분석적, 언어적, 순서적인 작업에 능하기 때문에 숫자, 언어, 논리, 분석, 계획, 시간 관리 등의 작업을 수행한다. 또한, 세부적인 부분을 집중적으로 다루는 능력이 있다. 일반적으로 좌뇌가 활발한 사람들은 분석력이 뛰어나고, 문제를 해결하는 능력이 높으며, 의사소통 능력이 뛰어나다. 반면 우뇌는 창의적, 시각적, 공간적인 작업에 능하기 때문에 미술, 음악, 인지, 공간적 지각 등의 작업을 수행한다. 또한, 전체적인 부분을 파악하는 능력이 있다. 일반적으로 우뇌가 활발한 사람들은 상상력과 창의력이 풍부하며, 예술, 디자인, 음악 등의 분야에서 뛰어난 역량을 발휘하게 된다.

따라서, 좌뇌와 우뇌의 밸런스를 유지하는 것이 중요하다. 좌뇌와 우뇌의 밸런스는 뇌 기능의 최적화에 중요한 역할을 한다. 뇌의 좌우반구는 각기 다른 기능을 담당하며, 서로 협력하면서 최적의 성능을 발휘한다. 뉴로피드백 훈련은 뇌의 활동을 측정하고 분석하여, 좌뇌와 우뇌의 밸런스를 조정하는 데 도움을 줄 수 있다. 예를 들어, 우뇌 활동이 과도하게 높아져 좌뇌 활동이 저하되는 경우, 뉴로피드백 훈련을 통해 우뇌 활동을 감소시키고 좌뇌 활동을 증진시킬 수 있다. 또한, 좌우뇌 밸런스가 맞지 않는 상태에서는 인지 및 감정 처리, 의사소통 등의 문제가 발생할 수 있기 때문에 따라서 뉴로피드백 훈련을 통해 좌우뇌 밸런스를 조정하면, 인간의 능력 향상과 감정조절, 의사소통 등에 긍정적인 영향을 미칠 수 있다. 그리고 좌우뇌를 협응할 수 있게 인지하는 학습을 하면 더 빠르게 좌우뇌를 쓰면서 학습법을 익힐 수 있게 된다. 멘탈브레인PT의 좌우뇌 학습훈련법은 이미지를 통해서 우뇌로 사진 찍듯이 훈련을 하고, 좌뇌를 이용해서 빠르게 키워드를 인출하는 훈련이다. 두뇌를 밸런스 맞게 활용할 수 있는 훈련은 인지속도와 작업기억력을 높여준다. 작업기억(working memory)은 현재 집중하고 있는 정보를 일시적으로 유지하고 처리하는 능력이다. 예를 들어, 전화번호를 기억하고 바로 입력하거나, 긴 문장을 읽으면서 그 내용을 이해하고 기억하는 것 등이 작업기억을 사용하는 일상적인 상황이다. 공부나 업무를 하는데 있어서 정보처리를 위해 작업하는 동안에 집중하는 정보를 유지하는 능력이다보니 성과와 집중력에 많은 영향을 미친다. 작업기억력의 부족으로 공부해도 결과가 안 나는 경우가 많고, 스스로 공부를 못한다, 기억력이 부족하다 라고 생각하는 경우가 있다.

이제 두뇌도 퍼스널 트레이닝 시대이다! 부족하다 생각하지 말고, 자신의 기초능력부터 하나하나 채워나가면 된다! 이제 시작해보자!

chapter 10

100세까지 돈 버는 책쓰기 브랜딩으로 영향력 있는 명강사, 1인 기업가 되기

－최원교

최원교

- 조선일보 톱클래스 '최원교의 마음세우기' 칼럼 연재 중
- SINCE 1988 김시효의원, 김시효한의원 운영원장
- SINCE 2000 시와시학사, 큰나, 공감발행인, 약 350종 종합출판
- SINCE 2015 인류의 질 높은 삶을 위한 (주)웰에이징 대표
- SINCE 2021 100세까지 돈 버는 책쓰기 브랜딩으로 영향력 있는 명강사, 1인 기업가 안내하는 100세 라이프디자이너

백디와 백친의 100세 인생
오픈방 채팅방 https://bit.ly/3szwF3J
블로그 https://bit.ly/39QozwM
유튜브 https://bit.ly/3GagPC9

행복한 창조자, 새 길로 들어서다

.

.

예순두 살에 세상을 접게 되었다. 그리고 다시 시작했다. 열심히 살아 온 지난 시간 중에서 가장 자랑스럽고 가슴 뛰는 일, 두 가지를 다시 선택했다. 그 후, 2년 동안 새 세상을 다시 만들었다. 함께한 수강생은 3개월에서 8개월 동안 모두 성공했다. 서른여섯 살부터 일흔다섯 살까지 평범한 수강생들 모두 다 해냈다. 단 한 명의 낙오자도 없었다.

마음만 먹으면 누구나 해낼 수 있는 슈퍼게인 프로그램을 이야기하려 한다. 간절함과 열정만 있으면 그리고 카톡 문자만 할 수 있으면 누구나 작가가 된다. 스펙도 필요 없고 인맥도 필요 없다. 누구의 도움도 없이 혼자 할 수 있다. '무쏘의 뿔처럼' 명언을 담고 무조건 성공이다. 먼저 시작하고 나중에 완벽해지면 된다.

"100세까지 돈 버는 책쓰기 브랜딩으로 영향력 있는 작가, 명강사, 1인 기업가!" 세상 끝나는 날까지의 오로지 사명이다. 19세에 피아노 없는 환경에서 음악대학 성악과를 입학했고, 체르니 30번 중 5번까지가 피아노 최종 학력이다. 동네 아이들 40명을 체르니 30번까지 훌륭한 연주자로 키우는 전문 일타 강사, 피아노 교실 선생님이었다. 택시로 등하교를 해결하며 대학을 자비로 마쳤다. 일찍이 돈 없으면 세계적인 성악 무대로 나갈 수 없다는 것을 알고 졸업 전, 10월 4학년 때 결혼했다.

큰아이 낳고 피아노 학부모의 투자 제안으로 여의도에 남성복 한스 맞춤복 매장을 열었다. 당시 대한민국 남성 맞춤복 1위였다. 여의도 KBS 별관 뒤에서 빛나는 성과로 최상위를 달렸다. 그때 우리가 만든 옷이 최고 인기 드라마 주인공인 이덕화 선생님의 의상으로 평생에 잊지 못할 일이 되었다. 신라호텔 직원 유니폼 납품업체가 되었고 전국 오성급 호텔 전문 업체로 성장했다. 88올림픽에 맞춰 오픈하는 호텔 세 곳을 모두 납품하게 되어 호텔 유니폼 업계에 별이 되었다.

그 업적으로 발탁되어 대한 교육보험 신용호 창립자님을 뵙게 되었다. 17년간 유니폼은 물론 컬러와 디자인 그리고 삶의 지혜에 대하여 배울 수 있는 축복을 누렸다. 대한 교육보험 회사가 교보생명, 새 이름으로 태어나는 큰 행사에 함께할 수 있어서 내 내 자랑스러운 업적으로 내 가슴에 남아 있다.

그 인연으로 폐업 위기에 있는 서정 시문학의 출판사 '시와 시학사'를 인수하게 되었다. 이성선 시인의 '산시' 중 '반달' 시 한 편에 반해서 출판사 발행인이 되었다. 경험 없이 시작해도 모든 일이 다 잘 되었으니, 출판 역시 경험은 걱정할 일이 아니었다. 출판사를 시작한 지 20년, 아직도 진행 중이다. 최근 읽은 책에 쓰여 있는 말에 큰 힘이 되었다.

'실패란 죽을 때 할 수 있는 말이다. 포기하지 않는 한 실패는 없다.' 20년 동안 유명한 작가 책만 내기 위해 온 힘을 다했다. 350여 종 종합 출판을 하다 이름 없는 작가를 유명하게 만들기 위해 모든 것을 걸었다 '인재 재해'를 겪게 되었다. 신의와 운영하고 있던 회사 세 개를 지키기 위해 모든 것을 잃었다. 그리고 다시 시작했다. 부활을 위한 비상 중이다.

죽을 결심을 바꿔, 죽을힘으로 다시 시작했고 모든 것을 버리고 처음으로 돌아갔다. 위기에서 기회를 선택했다. 정신 차리고 보니 처음 시작했던 스물세 살 때보다 많은 것을 가지고 있다는 것을 깨달았다. 인턴, 레지던트 의사가 아닌 가정의학과 전문의 한의사인 남편, 젖을 줘야 하는 갓난아이가 아닌 세계적인 대학원 과정에 있던 아들, 그리고 바르고 든든한 막내아들, 그리고 치열하게 살아 온 경험들! 다시 시작하기에 너무나 충분한 자산이 있었다.

1인 기업 시대가 열리고 코로나19는 언택트, 온택트, 비대면 시대를 당겼다. 스펙보다는 해결 능력이 앞서는 시대가 되었다. 성장의 한가운데 서게 된 슈퍼어게인 주인공은 '100세 라이프디자이너'라는 새로운 직업을 스스로 만들었다. 한창 일할 나이 50대에 대기업 사장들이 40대로 대거 바뀌면서 주변의 우수한 지인들이 낙엽처럼 명퇴하는 일을 지켜보았다. 은퇴 후 소리 없이 사라지는 명사들을 보며 그분들의 가슴앓이를 공감했던 경험들이 살아났다. 명문고 졸업생들이 모인다는 강남의 모 당구장 이야기도 떠올랐다. 주말에만 가던 등산을 주중에 간다는 이야기도 생각났다. 계속 갈 것 같았지만, 어려워진 40대 50대 60대는 거기까지였다. 다시 시작하고 싶었다. 같이 일어서고 싶었다. 같이 다 함께.

막상 뚜껑을 열자 오히려 뜨거운 70대분이 주인공이 되었다. 100세까지 살아내야 하는 것을 절실하게 아는 가장 간절하고 열정적인 분들이다. 1년도 되지 않아 청춘을 달리고 있는 하와이의 주자! 모든 것 다해! 박다해 대표이다. 71세 나이가 무색하다. 50년 만에 N잡러가 되겠다고 비행기를 타고 한국으로 왔다. 줌으로 하던 수업의 추월차선을 타기 위함이라고 했다. 다리를 힘들게 끌고 들어오는 박다해 대표를 보고 아찔했던 그날이 생각난다. 줌은 가슴 위로만 볼 수 있었기에 걷기도 불편한 분이라고는 상상도 못했기 때문이다.

하와이 건강디자이너 박다해 대표는 미국 간호사로서 '케어홈' 운영을 7년째 하고 있었다. 잠시 맡겨 놓고 온 고국행 한 달 여행 중 코로나 격리 열흘을 제외한 15일 동안 모든 프로그램을 마쳤다. 매년 11월이면 공저로 출간하는 '어머니 당신이 희망입니다' 작가여서 가능했을 것으로 여겨진다. 어머님이 돌봐주신 것이라 믿고 있다. 어떤 일이든 어머님이 돌봐주신다고 믿고 있는 박다해 대표는 생시 즐겨 드시던 음식들을 차리고 홀로 제사를 지내는 효녀이다.

박 대표는 프로그램을 마치고 하와이로 돌아갔다. 자신만

한 큰마음 가방을 들고 씩씩하게 돌아간 지 며칠 지나지 않아 기적의 소식을 전해왔다. 하와이 간호조무사 자격증을 주는 CNA에 정식 교사가 된 것이다. 놀라운 일이 아닌가! 은퇴하고 요양원으로 갈 나이에 하와이주에서 하는 정식 간호조무사 학교에 임용된 것이다. 학생들을 가르치고 실습을 나가고 졸업식 사진을 보내올 때면 온몸이 떨리는 환희의 전율을 느낀다. 이보다 더 큰 행복은 없다!

71세에 블로그에 자신의 콘텐츠와 생활을 올리고 유튜브도 시작했다. 온라인 줌으로 강의를 하고 카카오 오픈 채팅방을 활용해 자신의 커뮤니티를 만들고 있다. 여전히 박다해 대표는 12N 잡러로 도전 중이다. '청노년'이라 부르기 시작했다.

우리는 이렇게 지난 시간의 경험을 재료로 다시 슈퍼어게인하고 있다. 100세까지 돈 버는 책쓰기 브랜딩으로 영향력 있는 명강사가 되고, 1인 기업가로 성장하고 있다. 다양한 온라인의 신세계에서 서로 배우고 가르치며 미래의 행복을 누리고 있다. 오늘의 우리 인생의 전부이다. 과거를 생각하거나 미래를 걱정하지 않는다. 자기 행복을 위해 창조하는 행복한 창조자로 살아간다. 꿈을 꾸는 행복한 창조자로 하루를 성실하게 채워 나가고 있다.

책을 잡은 당신에게 묻다

.

.

간절한가?

지금, 얼마나 성공하고 싶은가?

지금이 반드시 일어서야 하는 그때인가?

막막하고 앞이 안 보이고 뒤는 절벽인가? 진정 그러한가?

맞는다면, 당신은 종이 한 장과 연필을 준비하고 조용한 곳
에 앉아야 한다.

그리고 태어난 해부터 100세가 되는 해까지 적어 내려가야
한다.

당연히 첫 칸은 1부터 100, 당신의 나이다.

그 옆에 태어난 해부터 100세까지 계속해서 써 내려간다.

그리고 칸을 크게 잡고는 한 해 한 해마다 기억을 더듬어 가

장 생생하게 기억에 남아있는 업적을 쓰도록 한다. 만일 기억나지 않으면, 앨범이라든지 기록한 일기라든지 참고할 만한 것들을 총동원하되 좋고 나쁨 없이 가장 잘한 일이든 가장 아팠던 일이든 가릴 것 없이 큰 사건 위주로 써 내려간다.

가슴에 조용하게 천천히 올라오는 이야기가 들릴 것이다.

아주 벅차게 행복했던 마음도
다시는 생각조차 하기 싫은 기억까지
놀랄 정도로 다양한 마음이 기억의 길을 타고 수없이 올라올 것이다.

여기에서 가장 가슴 벅차게 행복했던 것을 잡아라!
그리고 가장 가슴 뛰게 한 일을 잡아라!
충분히 자랑스러웠고 충분히 만족했던 일을 있는 대로 기억해내라!

멋진 자신의 시간이 있었고
그리웠던 자신을 만나게 될 것이다.
다시 만난 자신을 절대 놓치지 말고 적고 적어라!

이제,

꿈 많고 용기 있었던 자신을 만났을 것이다.

누구에게나 꿈이 있었고 되고 싶은 미래를 위해 온 힘을 다했던 열정적이고 훌륭했던 자신을 만났을 것이다.

그것이 당신의 미래다.

보통, 회사에서 회사의 연혁표를 쓰지만

우리 자신을 한 회사로 보고 한 해 한 해 업적을 돌아보는 시간이었다.

빛나는 자존심과 자긍심을 찾았을 것이다. 그러면 되었다.

이제 시작할 준비가 된 것이다.

다시 이런 기회는 없다! 그러니 좀 더 신중하고 좀 더 솔직하길 바란다.

준비되었나!

그럼 이제 시작이다!

당신은 할 수 있다!

당신은 할 수 있다!

당신은 할 수 있다!

돈이 유일하게 해줄 수 없는 것, 건강!

·

·

"여러분의 차를 운전해 줄 사람을 고용하고, 돈을 벌어줄 사람을 고용
할 수는 있지만, 여러분 대신 아파줄 사람을 구할 수는 없습니다."

– 스티브 잡스 –

건강이 최우선인 이유!

세상을 바꿔 놓고 그는 떠났다. 스티브 잡스는 죽기 전에 건
강에 관한 명언 몇 마디를 남겼는데, 그중에서 가장 직관적인 표
현이다.

그렇다, 누가 나 대신 아파해줄 수 있겠는가! 그러니 당연히
영순위는 '건강'이다. 그 어떤 순간에도 그 어떤 중요한 일에도 건
강을 해치는 일이라면 하지 말거나 두 번째로 미뤄야 한다. '건강'

과 경쟁할 단어는 이 세상 어떤 것도 없다! 당연히!

젊은 시간, 무절제하게 술을 즐기는 것! 거기다 필름이 끊기도록 마시는 것! 그것은 뇌세포를 사멸시키는 끔찍한 일이다. 거의 많은 사람이 청소년기에 입문하게 되는 흡연 또한 자신에게 얼마나 해서는 안 되는 일인지 나이들면 확연하게 알게 된다. 우리는 이렇게 부모로부터 받은 건강을 의미없이 잃게 되는 일을 하며 성장한다. 나이들어서야 병과 싸우게 되면서 후회하는 어리석은 일을 하면서 말이다.

돈으로 살 수 없는 건강! 우리가 하는 모든 행위는 건강이 한다는 것을 뒤늦게 깨닫게 되는 것은 참으로 슬픈 일이다. 백세시대에 어떻게 하면 건강하고 똘똘하게 나이들 수 있는지가 우리 모두의 뜨거운 관심사다. 세계 손가락 꼽는 사업가, 재벌, 갑부들의 성공에는 많은 희생이 따르지만, 젊은 부자들은 건강을 우선으로 하는 성장을 실행하고 있다. 지혜로운 젊음이다.

눈썹도 못 가지고 가는 인생! 건강을 우선으로 모든 것을 실행할 것!
이것이 우리가 반드시 알아야 할 삶의 진리이다! 아무리 강조해도 지나치지 않은 것! 건강이다!

선택할 수 없는 생명

치매명의 김시효 원장을 돕고 있는 110만 다양한 진료 현장에서 얻은 경험이다. 보호자가 자식이거나 배우자인 치매 어르신들이 한결같이 하는 말이다. 건강을 위해서 이런 저런 조언을 하면 열이면 열, 모두 이렇게 말씀하신다.

"그만 살아야 해. 난 그렇게 오래 살고 싶지 않아! 그렇게 되기 전에 일찍 죽어야지. 난 그렇게는 안 살 거야!"

그게 그렇게 된다면 누가 치매가 올 때까지 살겠는가! 다른 것도 대부분 그렇지만 '생명'은 더더욱 내 맘대로 되는 것이 아니다. 무조건 그때가 언제인지 알 수 없지만, 허락되는 날까지 건강하게 똘똘하게 살아야 한다. 아니 살아내야 한다.

윗분께 늘 들어 온 말일 텐데, 우리는 대를 이어 똑같은 말을 한다. 그럼에도 불구하고 오래 살고 싶다는 말로 들리는 것은 왜일까? 그러니 떠나는 그날까지! 건강하게 똘똘하게 자신을 지켜야 하는 최고 우선순위는 역시 건강이다. 원하는 때에 원하는 대로 삶을 마감할 수만 있다면 얼마나 좋겠는가!

진료실 밖에서나 할 수 있는 말이다!
"그렇게만 할 수 있다면 얼마나 좋겠습니까!"

나이에 맞는 건강

건강하다고 자신할 일은 아니다. 건강해도 갑자기 암 진단을 받게 되거나 살다 보면 예상치 않은 큰일을 겪게 되기도 한다. 태풍이고 지진이고 전쟁이다. 지은 죄도 없이 억울한 일로 평생 일궈 온 것들을 모두 잃기도 한다. 위험한 위기는 누구에게나 올 수 있다.

이런 일로 건강이 무너지거나 장애를 겪게 되기도 한다. 멘탈은 건강의 기본이다. 누구나 어렵고 힘든 일을 겪는다 해서 쓰러지지 않는다. 물론 포기하고 다시는 못 일어나는 사람도 있고 그 일로 해서 더욱더 성장하고 성공하는 사람도 있다. 멘탈이 좌우한다! 딛고 일어서기 위해 처음부터 다시 공부하는 사람도 있다. 대부분 흙수저에서 성공한 사람, 죽을 고비를 넘기고 크게 일어선 사람 등이 이런 좋은 예이다.

거기에 뒷받침하는 것은 '정신 건강'이다. 정신적 건강이 무엇보다 우선이다. 건강하면 어려움도 좋은 경험이다. 인생 게임으로 생각할 수 있다. 그것이 건강이 중요한 이유이다. 신체가 건강해야 정신도 건강하다! 그것은 당연한 이치다.

인간 재해, 건강재해, 자연재해를 연이어 겪는 지 10년째다. 사람을 잘못 본 까닭에 6년간 민사 4건, 형사 3건을 겪었다. 무죄, 무혐의, 혐의없음이 받은 답이지만, 어처구니없는 현실이 결과이다. 그로 인해 건강을 지키는 선에서 총력을 다해 몰입, 질주 중이다. '100세까지 돈 버는 책쓰기 브랜딩으로 영향력 있는 명강사, 1인 기업가 되기'를 안내하는 100세 라이프디자이너가 된 이유이다.

감기 한 번 걸리지 않았던 무쇠돌이 남편의 위암 진단! 삼분의 이를 잘라내는 위 절제 수술을 받았다, 그리고 무조건 살리기 위해 항암 하지 않고 달렸다! 신선한 공기, 산돼지가 산토끼가 먹는 산나물, 얼음 깨고 계곡물에 앉는 물 수련까지 집중하여 몰입했다. 과부가 되면 죽을 각오로 전 과정을 함께했고 5년 만에

암 졸업장을 받았다.

코로나19, 생애 최고의 고통 시간이었다. 일제강점기에도 6·25전쟁 기간에도 그랬을까? 하지만 '땡큐 코로나'로 방향을 잡았다. 건강을 우선으로 코로나를 이겨내면서 새로운 온라인 세상으로 이주했다. 이것이 신의 한 수였다. 만나 온 인연과 환경이 모두 바뀌고 처음부터 다시 시작할 수밖에 없었지만, 바로 그것이 대운이고 기적이었다. 전화위복의 축복이었다.

그런 상황에도 건강은 최우선이었다. 백세시대, 100세까지 살아내야 하는 시대! 그것도 건강백세 똘똘백세로! 결단했다. 선택했다.

잊지 말자! 건강을 잃으면 모든 것을 다 잃는 것이다. 100세까지! 가자! 건강하고 똘똘하게!

독서는 또 하나의 삶이다

.

.

왜? 사는가? 무엇 때문에 사는가?

많이 생각했다. 아프고 힘들고 그러나 새로운 길을 다시 선택해야 했다. 종일 묻고 또 물었다. 답은 '행복'이었다. 행복해지기 위해서 행복해지고 싶어서였다. 백세시대 건강하고 똘똘하게 살다 짧은 마지막 그 순간에, '아! 참 잘 살았다. 행복하게 살았다.' 이렇게 말하기 위해서였다. 딱 그 이유 하나다. 마지막 순간에 스스로 잘 살았다는 행복한 마감을 하기 위해서이다.

'행복'의 본질은 무엇일까? 무엇보다 '자유'가 떠오른다. 그렇다 자유로워야 한다. 그래야 행복하다. 자유롭다는 것은 무엇일까? 마음과 몸이 평화롭고 행복한 것 아닐까? 마음은 자신의 진정한 주인이 되어 자유롭게 운용하면 되고 또 하나 중요한 경제적 자유가 있다. 경제적 자유! 최근에 누구에게나 화자가 되는 키워드로 부자, 영향력 있는, 돈, 경제력이다. 무엇보다도 경제력은 자신을 지키고 가족의 행복을 지켜나갈 수 있기에 이 어렵고 복잡한 사회에서 점점 더 가치행렬에 가장 앞에 서게 되었다.

왜? 사는가? "행복해지기 위해서!"

무엇 때문에 사는가? "행복하기 위해서!"

세상 모든 것이 책에 있다

'100세까지'의 목표 책임은 '건강'이 기본이고 그 다음은 '경제력'이다. 그렇다면 어떻게 백세시대에 경제력을 가지고 갈 것인가! 책을 보기 시작했다. 책에 모든 답이 있기 때문이다. 독서는 선택 사항이 아니다. 반드시 해야 할 일이다. 먼저 간 선배들의 삶이 고스란히 다양하게 경험한 글이니 경우의 수와 답이 가득 들어 있다.

한 사람 한 사람의 경험으로 꼭 알아야 할 소중한 지식과 지혜가 들어 있다. 책을 읽으면 작가의 삶 속으로 들어가 그 작가가 되어 작가처럼 살아 볼 수 있다. 해서 100권을 읽으면 100인의 삶을 살아 보는 것이다. 신의 한 수다! 독서광이 되었다. 삶을 폭넓게 많은 경험을 하게 되니 신이 났다. 선택 아닌 필수가 되었다. 읽으면 읽을수록 세상이 더욱더 궁금해졌다. 종일 책만 읽고 싶어졌다. 점점 더 다르게 보이는 세상이 흥미로웠다. 읽을수록 더 알고 싶고 더 경험하고 더 잘 살고 싶어졌다.

'책은 사람을 만들고, 사람은 책을 만든다.'

교보생명을 창립하신 대산 신용호 선생님의 말씀이다. 교보문고 앞에 가면 멋진 돌에 새겨 놓으셨다. 지금도 책은 우리를 만들고 우리는 책을 만들고 있다. '책쓰기 브랜딩'을 선택한 이유이다.

새벽 기상할 수밖에 없는 이유

시간을 쪼개서 닥치는 대로 책을 읽기 시작했다. 농사의 결과물을 늘리려면 땅을 늘려야 하듯이 책 읽는 시간을 늘리는 데 총력을 다했다. 점점 더 독서에 욕심이 커짐에 따라 기상 시간은 점점 더 당겨졌다. 새벽 5시에도 모자라 4시, 3시로 점점 더 늘려 앞으로 나갔다. 아예 새벽 2시 기상으로 확정 지었다. 새벽 2시 기상, 그리고 천일 독서, 매일 2시간을 확보하는 데 성공했다. 수면은 6시간 기준으로 7시간으로 늘리는 노력을 하고 있다. 물론 취침은 6시면 최고, 7시에는 반드시 잠자리에 든다. 지난 시간을 허투루 쓴 것에 대한 보완이다. 삶이 풍요롭다. 이보다 더 행복한 발견은 없다!

잡생각테리아를 잡아먹는 책

행복한 창조자로 항상 도레미파솔, 음계 '솔'에다 마음을 연결하고 산다. 그런데 며칠째 마음이 '도'이다. 아무리 '솔'로 올리려 해도 천근만근 은근한 '도'로 머문다. 왜 그런지 스스로에게 묻는 점검을 하다 보면 며칠째 이런저런 바쁘다는 핑계로 책을 읽지 않은 것을 알아차리게 된다.

'아이고! 어쩐지!'

서둘러 30분이라도 책을 읽는다! 그러면 바로 '솔'로 올라가게 된다. 우울증 특효약이며 최고의 고수 '조율사'이다. 이렇게 책은 안에 늘 번식하고 도사리고 있는 '잡생각테리아'를 잡아 먹는 고마운 도구다.

책으로 모르던 세상을 알게 되고, 책에서 배운 것으로 생각이 바뀌고 성장하게 된다. 그 성장의 결실은 다시 글이 되어 책을 쓴다. 우리는 매일 경험하고 성장하며 글을 쓰며 다른 사람에게 글로 전한다. 글을 모아 엮으면 책이 된다. 자신을 이야기하고 자신의 콘텐츠를 설명하여 자신의 브로셔를 만든다.

'퍼스널 브랜딩에도 공식이 있다.'(조연심 저)

반드시 읽으며 실행해야 할 책이다. 이 책을 읽는 내내 치매명의 김시효 원장의 양한방 융합의학자의 삶을 브랜딩한 과정 하나하나가 떠올랐다. 읽고 실행한 것이 아니라 신기하고 뿌듯했다. 확인하며 내내 감사하고 행복했다. 책을 써야 알릴 수 있다고 2, 3년에 한 번씩 출간을 진행했다. 지금도 책쓰기로 브랜딩하고 있다. 가정의학과 전문의로서 한의사가 된 대한민국 1호 복수면허자로서 무엇보다 책쓰기로 퍼스널브랜딩 공식을 다하고 있다.

퍼스널 브랜딩 최선의 답은 책이다. 인생에 성공하는 가장 좋은 방법은 책을 읽고 자신의 이야기를 쓰는 것이다. 책은 안 가는 곳이 없고 시간을 초월해서 작가를 대신하여 세계 곳곳을 다니며 작가를 설명한다. 이보다 더 성실하고 확실한 홍보가 더 있으랴!

책 읽기와 책 쓰기가 내 인생의 해답!

．

．

읽으면서 배우고 읽으면서 실행한다

어린 나이에 큰 스승님을 만나는 기적을 누렸다. 스물다섯 살에 살기 위해 시작한 유니폼 사업이 지금도 그렇지만 호텔계의 최고, 신라호텔 유니폼 1위 업체가 되면서 전국의 호텔 유니폼 대부분을 맡게 되었다. 그로 인해 대한 교육보험에서 교보생명으로 재탄생을 준비하던 때라 지금은 타계하신 대산 신용호 선생님을 만나게 되었다. 큰 스승님이셨다. 70세에 어려운 경제를 걱정하여 전 나라의 교육을 위한 보험을 만드셨다. 세계 보험 상도 받으신 하늘이 내리신 스승님이셨다.

컬러, 독서, 일, 삶에 대한 배움을 주셨다. 그 많은 것 중에서도 가르침을 이어 가는 것은 컬러와 천일 독서 그리고 일에 대한 가치와 삶의 방향이다.

일하면서 배우고 배우면서 일한다.

― 대산 신용호

책을 많이 읽는 것은 중요하지 않다. 한 권을 읽더라도 그 책에서 가장 중요하게 전달하고 나누고 싶어 하는 필자의 핵심 내용을 실행하는 것이다.

읽으면서 배우고 읽으면서 실행한다.

― *100세 라이프디자이너 최원교*

독서의 끝은 실행

한 권을 읽고 실행하여 습관으로 만든다면, 100권을 읽으면 100가지의 습관이 생기는 것이다. 어떻게 성공하지 않을 수 있는 것인가! 게다가 책을 쓰고 싶은 욕망이 부글부글 끓게 된다. 나도 이 책처럼 써야지'에서 이 책이 '딱 책'이다. 꼭 이런 책을 쓰고 싶은 바로 그 책이 딱 책이다. 그리고 따라 하면 된다. 내용이 아니라 그저 읽고 내 글을 쓰고, 또 딱 책을 소리 내 읽고 내 글을 수정하면 된다. 단지 이 단순한 반복이 책을 한 권, 두 권, 백 세까지 쓰게 되는 것이다. 카톡만 할 수 있다면 저절로 작가가 되는 '1시간

만에 배우는 딱따라 책쓰기 비법'이다.

25년 동안 약 370여 권의 책 출간 경험을 통하여 발명해 낸 '책쓰기 비법'이다. 딱 이 책 같은 리듬과 자신의 리듬이 만나 또 다른 리듬이 되어 책을 쓰게 하는 것이다. 물론 평소에 한 독서가 기초 비타민 미네랄이 된다. 그리고 자신의 신념이 기둥이 되어 누구에겐가 꿈과 희망이 되는 글이 나오는 것이다. 6개월 동안 50명이 넘는 작가를 탄생시켰다. 공저는 한 달 안에 책이 출간되고, 개인 책은 두 달 안에 책이 출간된다. 작가의 의지만 있으면 된다. 독서의 끝은 실행이다. 독서의 길을 글쓰기다. 누구나 작가가 될 수 있다. 아니 작가가 되어야만 한다. 누구나 자신을 알려야 하는 시대이니까! SNS가 누구나 할 수 있는 '자기 외침'이듯이 책쓰기 브랜딩은 독서와 자기 경험과 콘텐츠로 자신을 누구인지, 무엇을 하는 사람인지, 타인에게 무엇을 나눠줄 수 있는 사람인지, 세상에 어떤 유익을 줄 수 있는 사람인지를 알려주는 필수적 도구이다.

될 때까지 하는 것이 성공

'과연 작가가 될 수 있을까?' 이런 마음은 전혀 도움이 되지 않는다. '될 때까지 하는 것이 성공이지.'라는 마음의 씨앗을 뿌려야 한다. 그래야 하루하루 저절로 성장하는 글쓰기 작가가 될 수 있다. 저절로 된다! 딱 책을 반드시 눈으로 읽고, 주제 글을 쭉쭉 내려쓰고 말하듯이, 다시 읽었던 딱 책의 글을 소리를 내 읽고, 바로 쓴 자신의 글을 소리 내 읽으며 수정하면 된다. 평일 내내 하루 한 편 똑같은 방법으로 글을 쓴다. 전날 썼던 글에 대하여 혼자 비판하지 않는다. 하루하루 그냥 똑같은 방식으로 그날의 주제에 대한 글을 단번에 쭉 써 내려간다. 5일 동안 써 놓은 다섯 개의 주제 글을 주말에 다시 한번 똑같은 방법으로 수정 완성한다. 이렇게 2주이면 공저 책은 완성된다.

될 때까지 하는 것이 성공이다. 잊지 마라! '실패'라는 말은 더 이상 생명을 유지할 수 없을 때만 쓰는 말이다.

끈기와 조율은 필수 마음 도구

조금 글이 써지면 초심을 잃기가 쉽다. 이것만 조심하면 된다. 끝까지 '딱 책'을 중심으로 글쓰기를 한다면 자신이 생각하는 이상으로 글이 쉽게 잘 써진다. 틀림없다는 사실이다. 그 정도 되면 '딱 책'의 존재를 잊게 된다. 자신의 리듬을 앞서 세웠기 때문이다. 더 이상 발전 없이 그 자리에 머물게 되면 다행이다. 계속 '딱 책'을 잊게 되면 글을 서서히 느껴지지 않으며 제자리로 돌아가게 된다. 경험으로 하는 말이다. 누구나 겪게 되는 초보 실수에 해당한다. 그렇더라도 다시 시작하면 된다. 반드시 딱 책을 읽고, 주제 글을 쓰고, 다시 딱 책을 읽었던 그 부분을 읽고 다시 글을 소리 내 읽으며 수정하면 된다. 부디 이 해박한 저절로 책쓰기 비법을 그대로 지켜주기를 바란다.

한참을 규칙대로 잘 쓰다 보면, 이런 말을 스스로 하게 된다.

"어? 이 글 누가 썼지? 도저히 내가 쓴 글은 아닌데? 이리 낯선데 말이야!"

"그분이 오셔서 쓰셨나? 하하하 대박!"

소심한 N잡러에서 프로 N잡러로, 디지털 노마드 12 N잡러로 살다

·

·

디지털노마드 12 N잡러

질 높은 삶을 위해 소심한 N잡러에서 프로 N잡러로 살아야 한다. 더 나아가서 '디지털 노마드 12 N잡러'로 안내하고 있다.

얼마나 행복한 시대인가! 인공지능으로 대화식 검색을 실행하는 시대이다. 오래 살고 볼 일이다. 그것뿐인가! 자는 시간에도 만들어 놓은 콘텐츠는 돈을 벌어오니 말이다. 디지털 노마드가 대세이고 당연히 N잡러가 당연하다.

공무원을 제외하고는 회사원도 직장 일 이외의 투잡, 쓰리잡이 보통이다. 신기하고 흥미로운 삶이다. 어차피 인생은 나 홀로 비즈니스 아니던가! '혼자서도 잘해요!'가 평생을 간다.

'삶도 나 홀로 비즈니스, 일도 나 홀로 비즈니스.'

– 100세 라이프디자이너 최원교

가족과 함께 살아가지만, 혼자의 생각으로 성장한다. 물론 영향과 사랑을 받으면서 말이다. 100명 미만의 그룹이든 만 명이 넘는 대기업에서든 결국 일 또한 나 홀로 비즈니스임이 틀림없다. 책임은 자신이 진다는 말로 일축하고 싶다.

온라인 세상, 언택트 온택트 시대가 되면서 세 사람 중 한 사람이 1인 기업가라는 1인 기업가 전문가의 분석이다. 옆집 아저씨한테 컴퓨터를 배우고 앞집 언니한테 요리를 배우는 시대이다. 바야흐로 배우고 가르치는 직업을 동시에 하게 되었다는 이야기다.

'디지털 노마드'라는 뜻은 네이버에서 보여주는 국어사전에 따르면 '첨단 디지털 장비를 갖추고 여러 나라를 다니며 일하는 사람, 또는 그런 무리'라고 설명한다.

또한 'N잡러'는 두 개 이상의 복수를 뜻하는 'N'과 직업을 의미하는 단어 '잡(Job)' 그리고 사람에게 붙는 접미사 '러(er)'가 합쳐진 신조어로, '여러 직업을 가진 사람'을 뜻한다.

하나의 직업으로 시작해서 같은 직업으로 끝나는 시대는 지났다. 예술이나 장인이거나 대를 잇는 직업이면 몰라도 모두가 여러 가지 직업을 원하는 시대이다. 그러니 잔치가 아닐 수 없다! 신나게 좋아하는 일을 하면 된다. 하나 해 놓고 자리 잡히면 또 하나 늘리기도 하지만, 아예 줄줄이 한 가닥에 수입원이 여러 가지가 달리기도 한다. 금광을 캐는 기분이 이런 것일까!

행복한 창조자의 삶

디지털 노마드로 N잡러로 살아간다는 것은 '창조'이다. 행복한 창조자로 살아가게 되는 것이다. '결정한다는 것은 떠나는 것이다'라고 보도 섀퍼는 말한다. 12 N잡러는 떠나고 또 떠나는 것이다. 행복한 창조자로서 살아가는 일이다.

죽을 때 많은 사람이 해보지 못한 것에 대한 후회를 가장 많이 한다고 한다. 그럴 일은 없는 시대이다. 용기만 있다면! 그리고 삶을 행복하게 창조한다면 우리에게 후회는 없다. 창조하는 기쁨이 행복이기 때문이다.

멈추지 않고 새로운 길을 떠나고 다시 또 떠날 때, 얼마나 많은 꿈과 희망이 동반될지는 상상만 해도 행복하다. 우리는 자신을 알고 자신이 무엇을 원하는지를 알게 된다. 그것이 가장 행복한 길인 것을 너무나 잘 알기에 끊임없이 자기 행복에 대하여 점검하게 된다.

62세 나이에 온라인 세상을 알게 된 것은 말할 수 없는 큰 '축복'이었다. 위기를 만나지 않았더라면 기회도 없었을 것이다. 얼마나 감사하고 고마운 일인가. 절대적인 위기가 아니었으면 나이에 꺾여 생각지도 못했을 일이다. 이렇게 멋진 삶, 디지털 노마드로 살아간다는 것은 기적이 아닐 수 없다. N잡러로 노후의 질 높은 생활, 영향력 있는 프로 N잡러로 살아간다는 것은 행복한 창조자의 길이다. 아주 멋진!

처음부터 끝까지

처음에는 줌으로 수업을 참여하면서 시작되었다. 신기하고 가슴 뛰는 일이었다. 졸지 않고자 사과를 먹다가 선생님께 지적당하는 일도 있었다. 젊은 선생이 노인 학생의 마음을 어찌 알겠는가! 밤 9시부터 11시, 12시까지 줌 강의가 이어지는데 졸지 않고 싶은 마음을! 악착같이 배우며 익혔다, 그것이 미래의 답이었기 때문이다.

그동안 한 일 중에 가장 잘한 일이 가정의학과 전문의이며 한의사인 치매명의를 세운 것이고 110만 다양한 유형의 진료 현장을 보람되게 지켜온 것이었다. 40년 동안 종횡무진이었다. 또 하나는 25년 된 350여 종이 넘게 출간한 출판사 발행인이었다, 그것이면 충분했다. 디지털 노마드로서 오프라인 세상의 모든 것을 온라인으로 가능하게 했다. 벅찼지만 행복이 시작된 것이다.

경험한 모든 것을 콘텐츠로 만들었다. 그리고 강연으로 알렸고 클래스를 열었다. 사람이 모이기 시작했고 함께 글을 쓰고 발표하고 작가가 되었다. 무대에 서서 자기 경험과 생각을 이야기하기 시작했고 모든 것이 수익화로 성장했다. 컴퓨터와 폰세상에서 자유로운 영혼으로 디지털 노마드로서 새 삶을 살게 되었다.

소심한 N잡러에서 프로 N잡러로 성장하여 멋진 디지털 노마드 12 N잡러가 되었다. 그것이 백세시대에 목표가 되어 건강을 우선으로 다양한 직업을 연마하고 있다. 이것이 우리 청노년 시대의 질 높은 삶의 문화이다. 포기하지 않고 처음부터 끝까지 새로운 디지털 세계를 탐구한다. 기꺼이 행복한 창조자로.

행복 일타강사,
100세 라이프디자이너의 원씽!

.

.

행복 일타강사, 100세 라이프디자이너의 원씽은 100세까지 돈 버는 책쓰기 브랜딩으로 영향력있는 명강사, 1인 기업가 되기를 안내하는 일이다.

3년 전, 코로나19로 팬더믹 시대가 시작되면서 평생 살아온 방식인 오프라인 인생을 온라인 세상으로 강제 이주시켰다. 별세 상이었다.

이주한 지 3년도 안 되어 별세상이었던 세계가 이제는 일상이 되고 현실이 되었다. 모자라는 실력을 키우고자 조금씩 시간을 늘려야만 하는 청노년의 새벽 2시 기상은 루틴이 되었다. 하루를 셋으로 쪼개어 1일을 3일로 사는 청노년이 되었다.

숙명적으로 겪게 된 파도처럼 연이은 인간재해, 건강재해, 자연재해로 인해 64년 동안 이룬 자수성가 결과물은 모두 무너져 버렸다.

세상과 작별을 고하려 했지만, 가족의 반대로 더 강한 책임감으로 동기부여 되었다. 바닥을 치면서 주먹을 불끈 쥐고 일어섰다. 뜻이 같은 어려운 사람들에게 슈퍼어게인 깃발을 들고야 말았다.

처음으로 돌아가,

하나하나의 과정을 되집어 보면서,

백친(100세 친구)님의 지혜로운 길동무가 되기로 했다.

100세까지 돈 버는 책쓰기 브랜딩으로 영향력 있는 명강사, 1인 기업가 되기 12

.

.

0. 치매명의 김시효 원장의 건강백세 똘똘백세, 가정의학과 전문의이며 한의사, 대한민국 양한방 1호, SINCE 1988, 100세까지 영향력 있는 건강 갖추기

1. 원교 연혁표 1살부터 100세까지 지난 시간과 앞으로의 시간을 한 해 한 해 채우기. 잘 했던 나, 못했던 나, 안타 까웠던 나 등 수많은 '나'를 만나는 과정에서 사랑하는 자신과 하고 싶은 일을 만나고 다시 찾게 된다. 너 자신을 알라!

2. 나는 누구인가? 강점5 위대한 나의 발견, 검사로 자신의

강점을 알게 된다. '책임' '전략' '집중' '성과' '미래지향' 어떤 사람인지, 무엇을 해야 했던 사람인지, 자신을 이해하고 알게 되었다. 내 안에 숨겨진 재능, 인생을 바꾸어줄 성공의 비밀, 자신의 강점을 더욱 살린다!

3. 나는 어떤 사람인가? 나를 세워준 피타고라스의 컬러수비학 피타고라스의 컬러수비학은 신비로운 수학적 과학적으로 '나'를 알게 된다. 누구나 자신의 컬러가 있어 자존감과 자신감을 찾고 가장 높은 자신의 이상을 찾게 된다. 높게 더 높은 목표 수정!

4. 맘꿈비 독서 하우투 클라스 15주, 아무것도 모르는 세상에서 신세계 독서광으로 환골탈퇴, 변화를 주는 실행 독서 프로그램이다. 마음을 세우고, 꿈꾸는 방법을 배우고, 나 홀로 비즈니스 1인 기업가의 성공 방법을 배우고 실행한다. 100세까지 돈 버는, 영향력 있게 하는 기초 실행독서!

5. 온라인으로 온라인으로, 100세 인, 블, 유 SNS 될 때까지 배우고 될 때까지 하는 습관 만들기다. 모든 SNS는 처음에는 힘들지만 배우고 나면 '처음 들여 온 냉장고'와 같다.

알고 나면 쉽다. 유명해질 때까지 포기하지 않고 습관들

여지도록 계속 끈기있게!

6. 오픈채팅방에 모여 모여, 백디와 백친의 100세인생 단톡
   방을 운영한다. 채팅 플랫폼 10만 방의 커뮤니케이션. 서
   로 다른 콘텐츠와 프로그램 소통 공감의 공간, 나를 소개
   하고 반복 공개하며 유명해지기!

7. 1시간 만에 배우는 딱따라 책쓰기 비법, 카톡만 할 수 있
   으면 딱책과 함께 성장하는 글쓰기 비법을 배운다. 힘들
   여 원고 쓰고 출간할 출판사를 찾아 헤매지 않아도 되는
   출판 계약 하고 글을 쓰는 거꾸로 원고 출판. 공저 책쓰기
   브랜딩.

8. 저서가 있는 사람과 저서가 없는 사람. 성장 이야기, 성공
   이야기, 자신의 콘텐츠 이야기를 작가가 자는 시간에도
   세상을 돌아다니며 성실하게 소개해줄 책쓰기 프로그램.
   인터넷에 소개되는 유명인 되기. 네이버 검색창에 클릭.
   딱따라 책쓰기브랜딩.

9. 누군가에게 희망이 되는 크고 다른 야망의 자, 크다야! 어려운 환경을 이겨내고 성공한 스토리를 토대로 자신의 콘텐츠의 유익과 필요성을 세상에 알리고 소명을 선포하는 크다야TV! 인플루언서로서 출발하는 첫 무대, 명강사 크다야TV.

10. 부자들의 글쓰는 새벽방, 부글새벽 행복한 창조자로 살게 하는 명상 20분, 독서 20분, 100세까지 건강하게 하는 맨손체조 20분, 새벽 5시 기상! 명상과 독서와 건강으로 부자되기 루틴.

11. 천일독서, 천 일 동안 매일 새벽 2시간씩 책 읽기! 인생의 모든 분야 달통하기 위한 무한 독서 깨달음. 세상의 이치를 깨닫고 실천하는 1조 자산가의 실행 도전!

12. 삶도 일도 나홀로 비즈니스, 사랑하는 가족과 함께 하고 동료와 도모하는 인생이지만, 결국 일도 삶도 나홀로 비 12N잡러, 디지털 노마드, 라이브 커머스까지. 100세까지 개성상인 정신으로 E비즈니스 Group! 백개EG 1인 기업가로 살기!

백세시대
이 콘텐츠로 갑니다

초판 1쇄 인쇄 | 2023년 06월 20일
초판 1쇄 발행 | 2023년 06월 30일

지은이 |
양수목, 김정순, 한영주, 조혜숙, 문송란, 김현희, 오다겸, 홍윤옥, 황지영, 최원교

펴낸이 | 최원교
펴낸곳 | 공감

등   록 | 1991년 1월 22일 제21-223호
주   소 | 서울시 송파구 마천로 113
전   화 | (02)448-9661 팩스 | (02)448-9663
홈페이지 | www.kunna.co.kr
E-mail | kunnabooks@naver.com

ISBN 978-89-6065-323-8   (03320)